AF549294

Heribert Lülf - Heinz Peirick - Richard Vespermann

»Abgeschnitten vom Weltverkehr«

Die Geschichte der Nebenbahn Empel-Rees – Bocholt – Borken – Coesfeld – Münster

Titelbild

Durch wogendes Ährengold dampft die 78 468 des Vereins Eisenbahn-Tradition Lengerich am 21. Juni 2008 mit einem historischen Sonderzug nach Münster, aufgenommen in der Welsingheide bei Roxel von Richard Vespermann

Impressum

Die Deutsche Nationalbibliothek verzeichnet diese Publikation in der Deutschen Nationalbibliografie; detaillierte bibliografische Daten sind im Internet über http://dnb.de abrufbar.

ISBN 978-3-946594-18-5

1. Auflage 2020

Layout: Melanie Schmidt
Druck und Verarbeitung: Bonifatius Druck, Paderborn

Nordstraße 32 · 33161 Hövelhof
medien@dgeg.de
www.dgeg.de

Inhalt

»Abgeschnitten vom Weltverkehr« 7
Pläne und Projekte für eine West-Ost-Verbindung 9
Von den Vorarbeiten bis zur Inbetriebnahme 12
Eine Nebenbahn – nicht mehr und nicht weniger 15
Die Bauleute 17
Erster Bauabschnitt Empel – Bocholt 19
Zweiter Bauabschnitt Bocholt – Borken 27
Dritter Bauabschnitt Borken – Coesfeld 35
Vierter bis sechster Bauabschnitt Coesfeld – Münster 45
Betriebsalltag 63
Die Eisenbahn im Krieg 70
Wiederaufbau 72
Der Eisenbahnraub 76
Rückzug aus der Region 77
Mit der 78er von Bocholt nach Münster 93
Stillgelegt in drei Akten 97
Die Wende – Erfolgsgeschichte Baumbergebahn 110
Perspektiven für die Zukunft 127
Anhang 128

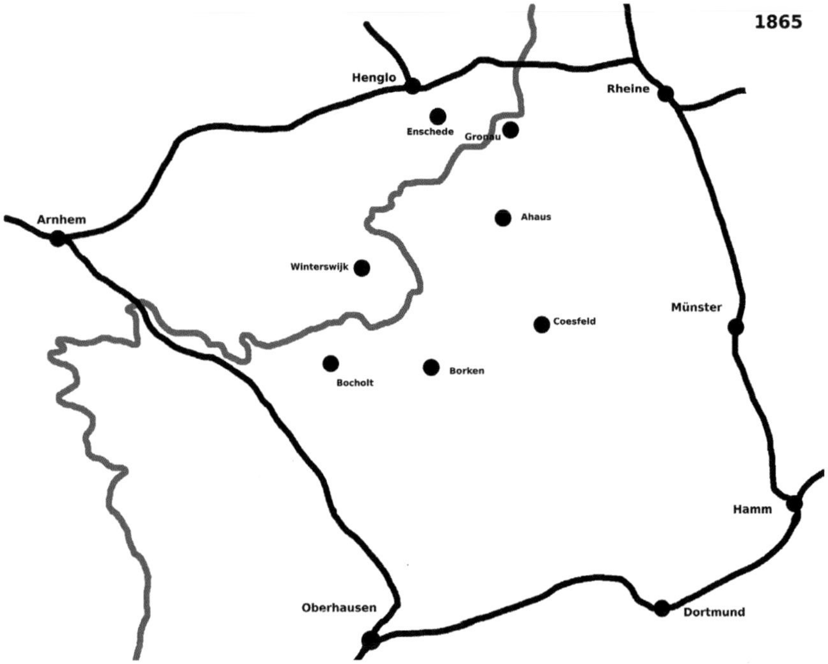

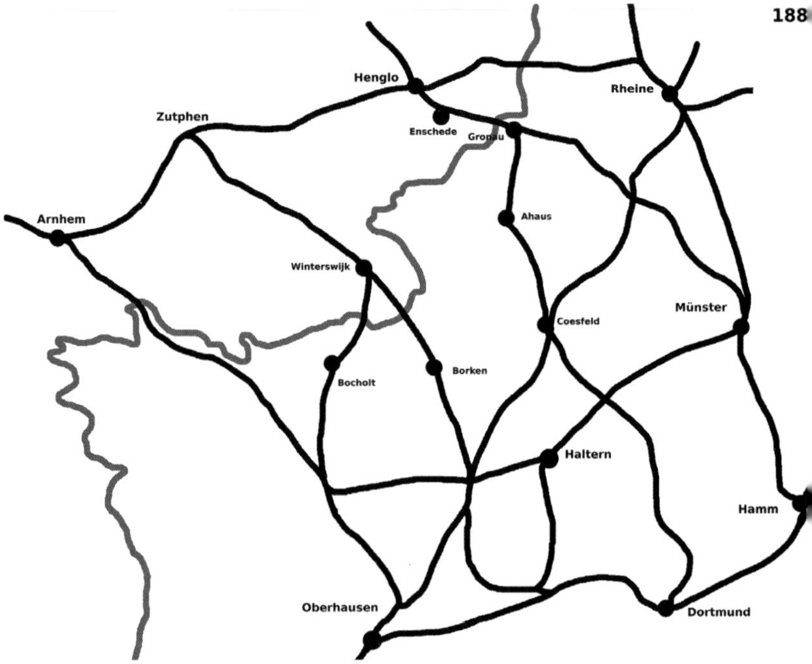

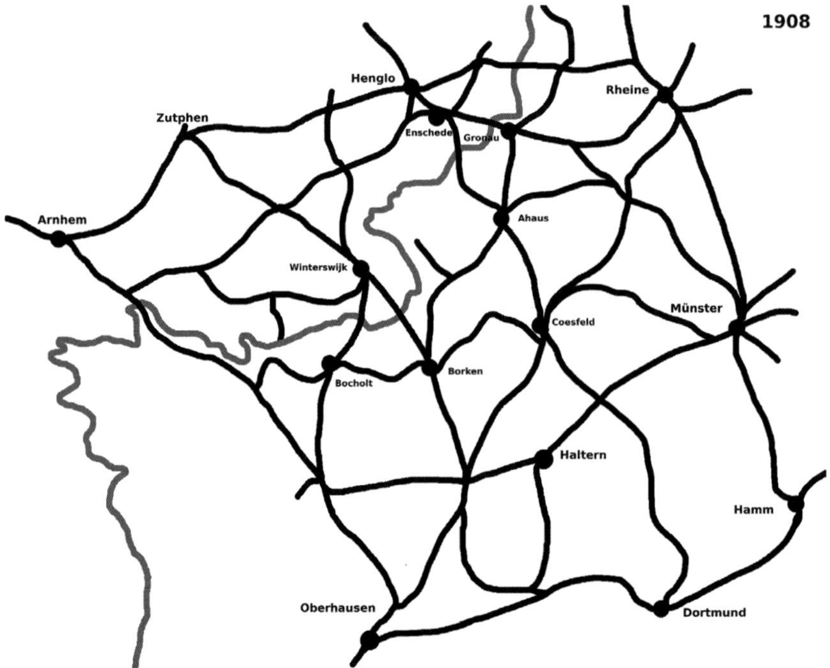

Die Erschließung des Westmünsterland des Achterhoek und der Twente vollzog sich in mehreren Phasen und war 1908 weitgehend abgeschlossen. Im Münsterland kamen 1928 nur noch die Strecke von Preußen/Lünen nach Münster und 1930 die Güterumgehungsbahn in Münster hinzu. *Lukas*

Vorwort

Eine moderne Region braucht ein modernes Verkehrsmittel. Diese Erkenntnis ist nicht neu. Schon immer profitierten Städte und Gemeinden von günstigen Verkehrslagen an Handelswegen und Flüssen. Auch der Bau von Kanälen und Eisenbahnstrecken versprach Entwicklung und Fortschritt.

Im westlichen Münsterland, im Achterhoek und in der Twente bildeten sich ab den 40er Jahren des 19. Jahrhunderts „Eisenbahn-Comités", die sich um den Anschluss an das rasch wachsende Eisenbahnnetz bemühten. Münster bekam 1848 Bahnanschluss, Hengelo 1865, Coesfeld 1875, Winterswijk und Bocholt 1878 und Borken 1880. Fast alle Strecken verliefen in Nord-Süd-Richtung und verbanden das Ruhrgebiet mit der aufstrebenden Textilregion im deutsch-niederländischen Grenzraum.

Viele kleine Städte und Gemeinden abseits der Hauptbahnen aber hatten das Nachsehen. Einzige Transportmöglichkeit waren hier, wie Jahrhunderte zuvor, Postkutschen und Pferdefuhrwerke. Die Bevölkerungszahl in diesen Orten stagnierte bzw. sank durch Ab- und Auswanderung und neue Betriebe siedelten sich nur selten an. Immer lauter wurde die Klage, man sei „abgeschnitten vom Weltverkehr".

Doch private Investoren für den Bau neuer Eisenbahnstrecken fanden sich nach 1880 nicht mehr. Erst als sich der Staat zum Bau von Nebenbahnen entschloss, bot sich eine letzte Chance. Eines der größten Projekte im Königreich Preußen war die 110 km lange Strecke von Empel am Niederrhein über Bocholt, Borken und Coesfeld nach Münster. 17 Orte erhielten einen Bahnhof oder doch zumindest einen Haltepunkt oder eine Güterladestelle. Die Nebenbahn erschloss große Teile des Westmünsterlandes und bot mit den Bahnhöfen Empel, Bocholt, Borken, Coesfeld und Münster Anschluss in alle Richtungen.

Mit der zunehmenden Konkurrenz durch Omnibusse bereits ab den 30er Jahren und der Lastkraftwagen und des Individualverkehrs ab den 50er Jahren des 20. Jahrhunderts geriet die Nebenbahn aber immer mehr unter Druck. In der Bevölkerung spottete man über den „Heideexpress", der für die Fahrt von Bocholt nach Münster mehrere Stunden brauchte. Die junge Bundesbahn reagierte auf die ständig sinkende Zahl von Fahrgästen mit der Ausdünnung des Zugfahrplanes und gleichzeitiger Ausweitung des Bahnbusverkehrs. Die Bahn selber räumte der Strecke keine Zukunft ein. Und so kam, was kommen musste.

Mechanische Weberei.

Briefkopf der Weberei Huesker in Gescher um 1900; Maschinenhaus und Stromleitung zeugen von der neuen Zeit. Nur Transporte erfolgen nach wie vor mit dem Pferdefuhrwerk. Stadtarchiv Gescher

Der Abschnitt Empel – Isselburg-Anholt war bereits 1962 dem Autobahnbau geopfert worden. 1974 folgte die Einstellung des Personenverkehrs zwischen Isselburg-Anholt und Coesfeld. 1976 war schließlich auch die Strecke von Coesfeld nach Münster zur Stilllegung vorgesehen. Doch diesmal formierte sich der Widerstand in den gewählten Gremien und in der Bürgerschaft.

Die Wiederentdeckung der Eisenbahn als modernes Verkehrsmittel verhalf der Strecke in den 1990er Jahren zu einer Renaissance. In die Infrastruktur wurden erhebliche Mittel investiert. Drei Haltepunkte wurden neu gebaut bzw. reaktiviert. In den Hauptverkehrszeiten verkehren die Züge inzwischen im Halbstundentakt. Mit mehr als 4300 Fahrgästen pro Werktag ist die Baumbergebahn heute ein unverzichtbarer Bestandteil des Nahverkehrs in der Region.

Im Raum Bocholt/Borken wird immer wieder der Wiederaufbau der Strecke thematisiert. Aktuell wird gerade im Auftrag der Landesregierung von Nordrhein-Westfalen eine Machbarkeitsstudie zur Reaktivierung erstellt. Denn vielen Akteuren ist durchaus bewusst, dass eine moderne Region ein modernes Verkehrsmittel braucht.

Heribert Lülf - Heinz Peirick - Richard Vespermann
im Januar 2020

Auf weiter Flur: Der Personenzug von Coesfeld mit 78 038 an der Spitze dampft im Juli 1962 zwischen Tilbeck und Roxel seinem Ziel Münster entgegen, im Bild meisterhaft festgehalten von Ludwig Rotthowe.

»Abgeschnitten vom Weltverkehr«

Das westliche Münsterland, das Gebiet zwischen Münster und den Niederlanden bzw. dem Niederrhein gehörte seit dem Abzug der napoleonischen Truppen als Teil der Provinz Westfalen zum Königreich Preußen. Diese Region mit ihren ausgedehnten Heide- und Moorgebieten lag abseits der großen Zentren. Keiner der großen Handelswege führte durch diese Gegend. Berkel und Issel waren nur sehr bedingt schiffbar.

In den kleinen Städten und Dörfern lebte man so, wie in all den Jahrhunderten zuvor. Auf den Höfen wurde nicht mehr produziert, als man selber verbrauchte. Handwerk und Handel beschränkten sich auf das unmittelbare Umfeld. Städte und Dörfer entwickelten sich kaum. Die Zahl der Einwohner stagnierte seit Jahrhunderten auf niedrigem Niveau.

Ursächlich hierfür waren vor allem die mangelnden Reise- und Transportmöglichkeiten. Befestigte Wege gab es, wenn überhaupt, nur innerhalb der Ortschaften. In zeitgenössischen Berichten wird immer wieder der erbärmliche Zustand der Straßen und Wege beklagt. Nicht der Staat, sondern Privatleute betrieben und unterhielten das Wegenetz und zogen von den Nutzern ein Chausseegeld ein. Seit dem Spätmittelalter gab es zwar auch im westlichen Münsterland Postkutschenverbindungen, eine Fahrt konnten sich aber nur wohlhabende Leute leisten. Zudem waren die Reisen langsam und unbequem. Die einfache Landbevölkerung ging zu Fuß. Der Bewegungsradius war entsprechend eng. Die meisten hatten oft nicht mehr gesehen als ihren Heimatort und die nähere Umgebung. Auch der Austausch von Waren war sehr beschränkt und vor allem kostspielig.

Dabei hatte die Region durchaus Potential. In Isselburg florierte seit dem Ende des 18. Jahrhunderts eine Eisenhütte. Deren Produkte mussten auf Fuhrwerke verladen und mühsam zum Rhein nach Rees transportiert werden. In Gescher verstand man sich auf das Gießen von Glocken. Mangels Transportmöglichkeiten erfolgte der Guss großer Glocken aber meistens direkt beim Auftraggeber.

In den Baumbergen wurde seit dem Frühmittelalter Sandstein gebrochen und bearbeitet. Der Transport der schweren Werkstücke war nur mit Ochsenkarren möglich oder über die weit im Süden gelegene Lippe. Im westlichen Münsterland, im Achterhoek und in der Twente existierte seit Jahrhunderten eine zumeist im Nebenerwerb praktizierte Leinenweberei. Ab 1850 wurde die Produktion, jetzt vorrangig von Baumwollstoffen, industrialisiert. Immer größere Gütermengen mussten transportiert werden. Mangels Alternativen behalf man sich zunächst weiter mit Pferdefuhrwerken. Das Straßennetz wurde, wenn auch zaghaft, ausgebaut. Abhilfe auf Dauer versprach aber nur ein neues Verkehrsmittel: die Eisenbahn.

Die Erschließung der Region vollzog sich dabei in drei Phasen:

Mit dem Bau und der Eröffnung der Cöln-Mindener Eisenbahn (CME) im Jahre 1847 kam das neue Verkehrsmittel zumindest in die Nähe des Münsterlandes. Von Anfang an war ein Abzweig von Hamm nach Münster geplant. Die Eröffnung erfolgte am 26. Mai 1848. Erst 1856 wurde die Strecke über Münster hinaus nach Rheine und Emden verlängert. Im gleichen Jahr wurde im Westen die Strecke von Oberhausen über Emmerich nach Arnhem eröffnet. 1865 folgten die Strecken Almelo – Salzbergen und Arnhem – Almelo.

Bau und Betrieb dieser ersten Strecken erfolgten durch private Eisenbahngesellschaften. Der Staat erteilte lediglich Konzessionen und gab gegebenfalls Zinsgarantien. An den Kosten beteiligte er sich nicht.

Die Strecken berührten das westliche Münsterland jeweils nur am Rande. Erst ab 1875, 40 Jahre nach der ersten öffentlichen Eisenbahnfahrt auf deutschem Boden, wurden Strecken gebaut, die das westliche Münsterland tatsächlich durchquerten.

Auf Initiative vor allem niederländischer aber auch deutscher Unternehmer entstanden mehrere Bahnen, die die

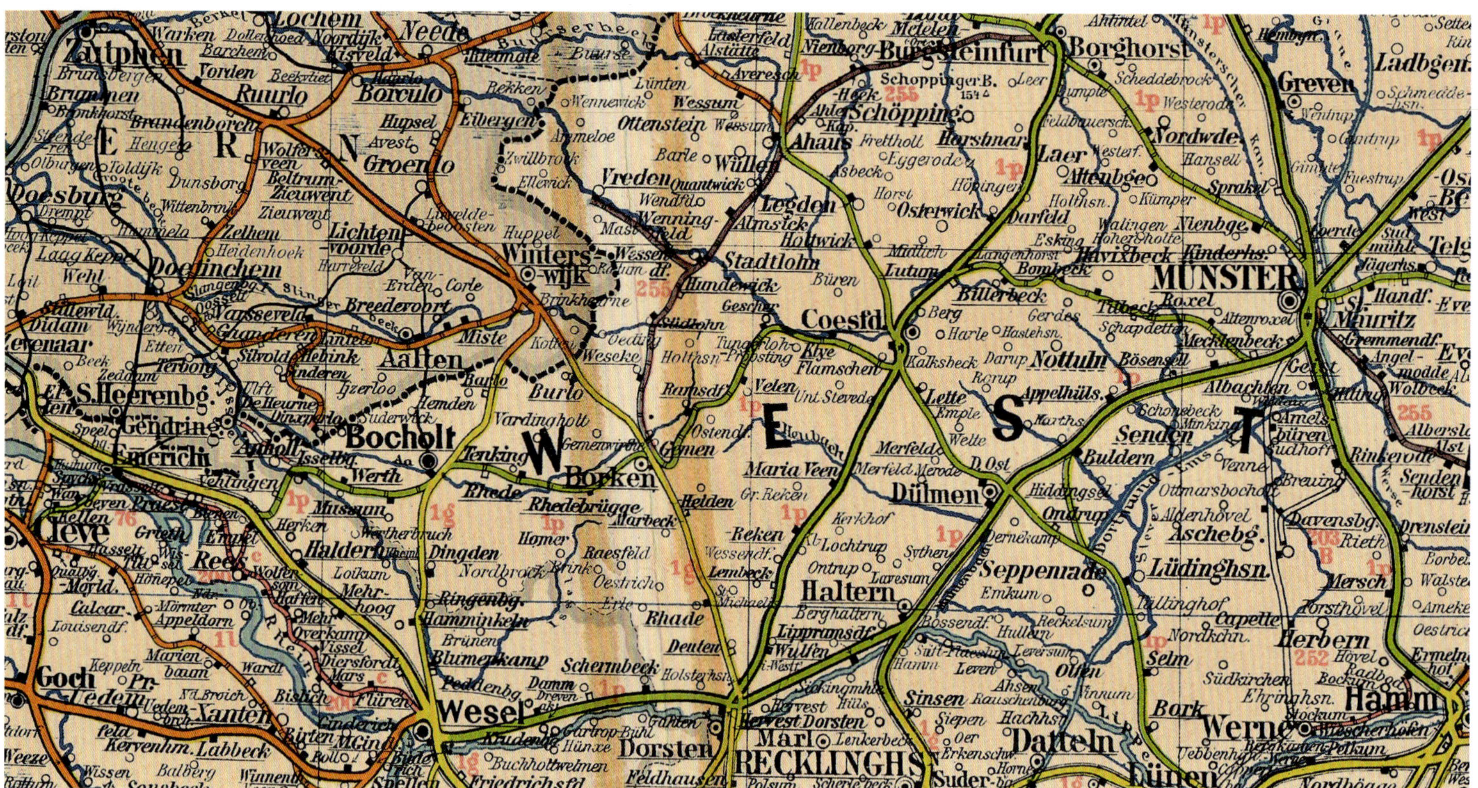

Mitte der 1920er
Jahre: Die Strecke
Münster – Coesf
– Bocholt – Empe
gehört durchge-
hend zur Direktio
Münster (grün),
gelb markiert sin
die Strecken der
Eisenbahndirekti
Essen.

Koch-Opitz Verkehrsa

Textilregion mit dem Ruhrgebiet verbanden. 1875 wurden die Strecken von Dortmund und Münster nach Enschede eröffnet, 1878 die Strecke von Wesel nach Bocholt und 1880 die Strecken von Gelsenkirchen-Bismarck und Bocholt nach Winterswijk. Bereits 1879 war die Strecke Oberhausen – Quakenbrück dem Verkehr übergeben worden. In Quakenbrück bestand Anschluss an die Strecke Osnabrück – Oldenburg – Wilhelmshaven.

Die privaten Bahngesellschaften orientierten sich beim Bau der Strecken an Gewinnerwartungen und nicht an allgemeinen Verkehrsbedürfnissen der Region. So verliefen alle Strecken in Nord-Süd-Richtung, von den Zechen zu den Textilbetrieben bzw. zum Marinehafen in Wilhelmshaven. Städte wie Bocholt und Borken erhielten den langersehnten Bahnanschluss, Coesfeld wurde sogar zum Knotenpunkt zweier Strecken. Auch einige kleinere Gemeinden erhielten einen Bahnhof, wenn auch teilweise weit ab vom Ortskern.

Die Gemeinden mit Bahnanschluss entwickelten sich rasant. Immer mehr Fabriken und Betriebe entstanden, immer schneller wuchs die Einwohnerzahl.

Orte ohne Bahnanschluss hatten das Nachsehen, fühlten sich im wahrsten Sinne des Wortes „abgeschnitten vom Weltverkehr". Während im Achterhoek und in der Twente in den Folgejahren auf private Initiative ein dichtes Eisenbahnnetz in Normal- und Schmalspur entstand, dauerte es im Westmünsterland nochmals über 20 Jahre, bis auch hier viele kleine Orte und Städte abseits der großen Magistralen den langersehnten Bahnanschluss erhielten.

Mit dem Bau der Strecken von Empel über Bocholt, Borken und Coesfeld nach Münster (KPEV), von Borken über Ahaus nach Burgsteinfurt und Stadtlohn nach Vreden (WLE), von Ahaus nach Enschede (AEE) sowie von Ochtrup nach Rheine (KPEV) sollte hier endlich die Fläche erschlossen werden.

Pläne und Projekte für eine West-Ost-Verbindung

In Isselburg, einem kleinen Städtchen im Grenzdreieck von Niederrhein, Achterhoek und Münsterland wurde im Jahre 1794 die „Minerva-Eisenhütte" gegründet. Ausschlaggebend für die Gründung waren ergiebige Vorkommen von Raseneisenstein. Zudem boten sich der Holzreichtum der Gegend und die Wasserkraft des Flüsschens Issel für die Verhüttung an. Zunächst wurden vor allem gusseiserne Töpfe, Platten und Öfen produziert. Der Transport der Rohstoffe und der Fertigprodukte ließ sich ohne große Probleme mit Pferdefuhrwerken durchführen. Doch schon bald reichten die hiesigen Rohstoffe nicht mehr für die prosperierende Produktion aus. Eisenerze und auch Steinkohle mussten von weither bezogen werden. Auch wurden die produzierten Werkstücke immer größer. Ab 1830 wurden in einer neu gegründeten Maschinenbauanstalt u.a. Dampfmaschinen hergestellt, später auch Fördermaschinen, Pumpanlagen und sogar ganze Leuchttürme. Die Lage des Werkes abseits der großen Verkehrswege erwies sich dabei zunehmend als Nachteil.

Abhilfe versprach der Bau der Eisenbahn von Oberhausen nach Arnheim. Nachdem sich die Pläne für eine Streckenführung über Hamminkeln, Isselburg und Anholt zerschlagen hatten, bot zumindest die Anlage eines Bahnhofes in Empel Aussicht auf Besserung. Johann Nehring Bögel, der Eigentümer der Isselburger Hütte, gründete im März 1856 ein Zweigwerk in Empel. Die „Prinz Leopold-Hütte" erhielt als erstes Werk im damaligen Kreis Rees einen eigenen Gleisanschluss, über den Erze und Kohle bezogen und Fertigprodukte versandt werden konnten. Die Maschinenbauanstalt sollte zunächst von Isselburg nach Empel verlegt werden, verblieb aber dann doch in Isselburg. Die hier produzierten Werkstücke mussten auf dem Hüttenplatz per Drehkran, zunächst noch mit Handkraft, auf schwere Wagen verladen werden, die mit bis zu 30 Pferden aus dem Werk gezogen wurden. Um die leichte Steigung bis zum Marktplatz in Isselburg zu bewältigen, mussten oft noch Arbeiter aus dem Werk unterstützend tätig werden. Vom Marktplatz bis Empel reichten dann in den meisten Fällen sechs bis acht Pferde aus. Auf dem 5 km langen Weg musste mehrmals Rast eingelegt werden, um den Männern und den Pferden eine Pause zu gönnen und die Achsen der Wagen zu schmieren. In Empel stand eine Verlademannschaft bereit, die die Werkstücke erneut mit Hilfe eines Kranes auf bereitstehende Güterwagen verlud. Nach Angaben im Werksarchiv waren an den Transporten, die oft einen ganzen Tag dauerten, bis zu 100 Arbeiter beteiligt. Für entstandene Schäden an der Straße musste die Hütte jährlich 3000 Mark an die Provinzialstraßenverwaltung entrichten.

Dabei fehlte es nicht an Projekten für neue Verkehrswege in der Region. Bereits 1844 hatte sich der Magistrat der Stadt Bocholt im Zuge der Planungen für die Strecke Oberhausen – Arnheim in einer Petition an die Cöln-Mindener Eisenbahn vergeblich für eine Linienführung über Bocholt „als bedeutende Industriestadt" eingesetzt.

1855 hatte sich die Handelskammer in Münster für eine Bahnlinie von Emmerich über Bocholt, Münster und Warendorf nach Paderborn ausgesprochen. Im „Comité für die Emmerich-Paderborner Eisenbahn" , gegründet im Mai 1856 in Münster, engagierten sich u.a. der Bürgermeister der Stadt Bocholt und mehrere Bocholter Fabrikanten. Im Oktober 1856 reichten die Stände des westfälischen Provinziallandtages eine Petition zum Bau der Bahn ein. Mit der Begründung, dass für die Strecke Emmerich – Paderborn „zur Zeit kein Bedürfnis vorliege", wurde der Antrag 1858 endgültig abgelehnt.

Wenige Jahre später wurde eine Eisenbahn von Lüttich nach Hamburg vorgeschlagen. Diese „Westfälische Nordbahn" hätte Wesel, Bocholt und Münster verbinden sollen. Auch dieses Projekt kam über das Planungsstadium nicht hinaus. 1861 legte ein Bocholter Eisenbahncomité Pläne für eine Strecke von Bocholt nach Mehrhoog vor, wo Anschluss an die Strecke Oberhausen – Arnheim bestanden hätte. Aber auch dieses Projekt wurde nicht weiter verfolgt.

Dagegen waren die 1863 begonnenen Planungen für eine Strecke von Emmerich über Isselburg, Werth, Bocholt, Rhede, Borken und Haltern nach Hamm weit fortgeschritten. 1864 wurde ein fertig ausgearbeiteter Plan für den Bau und den Betrieb der Strecke vorgelegt. Doch es fanden sich weder die erforderlichen Geldgeber noch eine Eisenbahngesellschaft, die die Betriebsführung übernehmen wollte.

1870 entstand der Plan für eine Strecke von Winterswijk über Oeding nach Haltern, 1872 für eine Strecke von Gelsenkirchen über Bocholt nach Zutphen und für eine Strecke von Winterswijk über Vreden, Stadtlohn und Gescher nach Hamm und 1878 für eine Strecke von Winterswijk über Südlohn, Stadtlohn und Gescher nach Coesfeld. Im Jahre 1882 wurde eine Konzession für den Bau einer Schmalspurbahn von Rees über Empel, Isselburg, Anholt und Gendringen nach Terborg beantragt. Das Vorhaben, normalspurige Güterwagen im „Truckverfahren", d.h. mittels Rollböcken bzw. Rollwagen zu transportieren, stieß aber u.a. bei der Isselburger Hütte auf große Skepsis.

Ab 1882 wurden Planungen für einen Eisenbahnbau im westlichen Münsterland systematisch und erstmals auch mit Unterstützung staatlicher Stellen in die Wege geleitet. Die Regierung in Münster veröffentlichte im Dezember 1882 eine Untersuchung der Wirtschaftsstruktur im westlichen Münsterland:

In Velen produzierten eine Weberei mit 35 Webstühlen, eine Druckerei und eine Färberei, in Ramsdorf eine Weberei mit 45 Stühlen und in Borken zwei Webereien mit insgesamt 120 Stühlen sowie eine Gasanstalt. Während für Borken lediglich 3200 Einwohner angegeben wurden, war Bocholt mit 8534 Einwohnern die zweitgrößte Stadt des Regierungsbezirkes Münster. Hier arbeiteten drei Spinnereien mit 35.000 Spindeln, 14 Webereien mit 1800 Webstühlen für Baumwolle, 14 Baumwollfabriken ohne mechanischen Betrieb mit Färberei, Druckerei und Bleicherei, sieben Lohgerbereien und eine Gasanstalt. Die Bocholter Industrie bezog aus Großbritannien Maschinen, Rohbaumwolle und Häute, aus Emmerich Kolonialwaren, aus Isselburg Maschinen und Maschinenteile, aus Borghorst Erzeugnisse aus Warp- (Kettengarn-) Spinnereien und aus Ahaus und Rheine Tabak. Verwiesen wird gesondert auf den Verbrauch „bedeutender Mengen Kohle".

Über 100 Arbeiter aus Rhede gingen laut Bericht der Regierung täglich den 6 km langen Weg zu Fuß zur Arbeit nach Bocholt.

Ausführlich wird im Bericht der Regierung auch die Situation in Isselburg geschildert. Demnach wurden 1882 in der Isselburger Hütte jährlich 2 ½ Millionen kg Waren erzeugt. Im Bahnhof Empel wurden 250 Doppelwaggons mit Gusswaren und nochmals 100 Doppelwaggons mit Maschinen und Maschinenteilen beladen. Im Eingang wurden 300 Doppelwaggons mit Roh- und Brucheisen, 160 Doppelwaggons mit Kohlen, 130 Doppelwaggons mit Koks, 55 Doppelwaggons mit Formsand, 25 Doppelwaggons mit Kalkstein und 30 Doppelwaggons mit Stabeisen aufgeführt, insgesamt 1050 Doppelwaggons à 10 t.

Im Bericht wird auch auf die strategische Bedeutung einer Querverbindung im Westmünsterland hingewiesen, falls „ein Angriff Frankreichs über holländisches Gebiet erfolgen würde".

Auch der Regierungspräsident in Düsseldorf beschäftigte sich jetzt mit dem geplanten Bau einer West-Ost-Eisenbahn und bat den Landrat in Wesel um einen Bericht zum Stand der Dinge. Der Landrat verwies mit Schreiben vom 5. Februar 1883 darauf, dass der Plan für den Bau einer Eisenbahnstrecke von Emmerich nach Münster bereits seit 1855 bestehe. Im niederrheinischen Teil würde vor allem die Minerva-Eisenhütte in Issselburg von der geplanten Bahn profitieren, bliebe ihr doch der umständliche Transport von und zum Bahnhof Empel erspart. Zudem habe sich der Eigentümer bereit erklärt, einen nicht unerheblichen Beitrag zu den Kosten des Bahnbaues beizutragen.

Der Landrat in Wesel schlug 1886 eine Streckenführung von Empel statt von Emmerich nach Isselburg vor. Weitergeführt werden sollte die Strecke dann über Suderwick/ Dinxperlo, da von hier 50-60 Arbeiter der Hütte kämen, die morgens und abends jeweils eine Stunde „einen durch niedrige Wiesen führenden Fußweg benutzten, der im Herbst und Winter oft und lange überschwemmt sei".

Bei entsprechender Änderung der Pläne habe sich die Stadt Rees bereiterklärt, Grundstücke unentgeltlich zur Verfügung zu stellen. Die Isselburger Hütte wolle mit 50.000 Mark den Bau der Bahn unterstützen.

Drei Wochen später ließ der Landrat in Borken erklären, auch sein Kreis sei bereit, Grund und Boden in das Projekt einzubringen. Er sprach sich jedoch für eine verkürzte Streckenführung über Werth nach Bocholt aus.

Der Kreis Coesfeld verfolgte dagegen ganz andere Ziele. Er bevorzugte eine Linienführung von Winterswijk über Gescher und Coesfeld nach Münster und lehnte jegliche Unterstützung einer Strecke von Empel nach Münster strikt ab.

Im Herbst 1886 schaltet sich der Eigentümer der Issselburger Hütte, Gustav Nering Bögel, erstmals direkt in die öffentliche Diskussion ein. Mit Schreiben vom 29. September 1886 lässt er dem Regierungspräsidenten in Düsseldorf ein von ihm verfasste „Pro Memoria" zum Bau der Strecke von Empel nach Münster zukommen. Zum ersten Mal ist in dem Schreiben von einem „Nebenbahn-Projekt" die Rede, das – mit Unterstützung der Interessenten – vom Staat übernommen werden könnte. Erwartet werde nicht, dass die Bahn von Empel nach Münster den durchgehenden Verkehr an sich ziehe. Vielmehr gehe man davon aus, dass sich die neue Strecke darauf beschränke, „die Güter des localen Verkehrs auf ihren Strecken anzusammeln, um sie den Vollbahnen zuzuführen".

Das „Publicum" verlange nicht, „dass eine Bahn unter Zugrundelegung der kürzesten Entfernungen für Ausgangs- und Mündungspunkt hergestellt wird, sondern eine solche, die Orte, teils ohne, teils mit ungenügenden Eisenbahnanschlüssen miteinander verbindet". Nering Bögel sprach sich nochmals für den Ausgangspunkt der Bahn in Empel und die Führung der Strecke über Suderwick/Dinxperlo aus. Zwar sei die Streckenführung über Werth 2 km kürzer, doch sei Werth „ein ärmliches, fast ausschließlich Ackerbau treibendes Städtchen ..., welches der Bahn auch nicht annähernd die von Suderwick/Dinxperlo zu erwartenden Vorteile zuführen wird". Vor allem die Isselburger Hütte könne auf Dauer eine Eisenbahnverbindung nicht entbehren. Habe die Zahl der in der Hütte beschäftigten Arbeiter im Jahre 1865 noch 180 betragen, arbeiteten gegenwärtig 450 Arbeiter im Werk. Die Produktion sei von einer Million auf vier Millionen Kilogramm gestiegen. Für die ganze Umgebung der Stadt Isselburg sei „die Existenz der Isselburger Hütte von größter Wichtigkeit". In seinem Schlusswort appellierte er an den Eisenbahnminister, das Eisenbahn-Projekt in den nächstjährigen Eisenbahnetat aufzunehmen.

Schon am 20. November 1886 teilt der Minister für öffentliche Arbeiten mit, der Staat wolle sich am Bau und Betrieb der Bahn zunächst nicht beteiligen, behalte sich aber den späteren Ankauf vor.

Im Rahmen einer Audienz am 27. Mai 1889 konnten u.a. Bürgermeister de Witt aus Rees und Hütteneigner Nering Bögel dem Eisenbahnminister von Maybach das Projekt persönlich erläutern.

Der Minister zeigte sich informiert und am Projekt interessiert, verwies aber darauf, dass die Ausführung von der Rentabilität der Linie und auch von der Unterstützung der interessierten Gemeinden abhänge.

1891 suchte Nering Bögel mit einem Mitglied des Eisenbahncomitès den Regierungspräsidenten in Düsseldorf auf und drängte auf Durchführung des Projektes. Und um dem Anliegen Nachdruck zu verleihen, sicherte er zu, die von der Hütte bisher schon zugesagten Zuschüsse könnten noch erheblich erhöht werden, wenn der Bau der Bahn beschlossen werde.

Bis zum Beginn der allgemeinen Vorarbeiten für den Bau der Strecke sollten dann nochmals fünf Jahre ins Land gehen.

Von den Vorarbeiten bis zur Inbetriebnahme

Die Planung, der Bau und die Inbetriebnahme einer Eisenbahn waren im Königreich Preußen, wie auch nicht anders zu erwarten, bis in alle Einzelheiten geregelt. Das Gesetz über die Eisenbahnunternehmungen, das bereits am 3. November 1838 in Kraft getreten war, sah dabei ein mehrstufiges Verfahren vor, das natürlich auch für die geplante Strecke von Empel nach Münster zu berücksichtigen war.

Am Anfang standen die sogenannten allgemeinen Vorarbeiten. Hier sollten die Linienführung sowie die Standorte der Bahnhöfe zumindest grob festgelegt werden, Bau- und Betriebskosten ermittelt und nicht zuletzt auch die Rentabilität der neuen Bahn kalkuliert werden.

Am 27. Mai 1896 wies der Minister für Öffentliche Arbeiten in Berlin die Eisenbahndirektionen in Münster und Essen an, mit den Vorarbeiten für den Bau der Strecken Münster – Coesfeld – Borken und Borken – Bocholt – Empel zu beginnen. Die Eisenbahndirektion Münster führte daraufhin am 21. Juli 1896 eine Bereisung in der Region durch.

Die Vorarbeiten konnten offensichtlich relativ schnell zum Abschluss gebracht werden. Denn bereits am 8. Juni 1897 beschloss der Preußische Landtag den Bau der Strecke von Münster nach Empel im „Gesetz, betreffend die Erweiterung des Staatseisenbahnnetzes und der Betheiligung des Staates an dem Bau von Kleinbahnen sowie an der Errichtung von landwirthschaftlichen Getreidehäusern“.

Angegeben wurden auch die kalkulierten Kosten und zwar für den Abschnitt Münster – Coesfeld in Höhe von 3.610.000 Mark, für den Abschnitt Coesfeld – Borken in Höhe von 1.860.000 Mark und für den Abschnitt Borken – Empel mit 2.257.000 Mark. Dabei wurde vorausgesetzt, dass sich die von der Bahn berührten Städte und Gemeinden an den Kosten beteiligten, entweder durch die kostenlose Zurverfügungstellung des erforderlichen Grund und Bodens oder durch eine angemessene finanzielle Beteiligung.

Nachdem die gesetzliche Grundlage geschaffen war, ordnete der Minister für Öffentliche Arbeiten ausführliche Vorarbeiten an. Baureife Entwürfe waren auszuarbeiten und einer landespolizeilichen Prüfung zu unterziehen. Erst dann konnte mit dem eigentlichen Bau begonnen werden.

Nach dessen Abschluss erfolgte nochmals die landespolizeiliche Prüfung der gesamten Anlage und, falls nicht grobe Mängel in der Ausführung festgestellt wurden, meistens einige Tage später die Inbetriebnahme.

Die Königliche Eisenbahndirektion (KED) Münster richtete zum 1. April 1899 in Bocholt eine Bauabteilung ein, die mit laufendem Baufortschritt am 1. Oktober 1902 nach Coesfeld verlegt wurde.

Von Anfang an war klar, dass die neue Bahn nicht in einem Zuge entstehen würde, sondern nur abschnittweise geplant, gebaut, geprüft und in Betrieb genommen werden konnte. So vergingen vom Beginn der Vermessungen in Empel im April 1899 bis zur Eröffnung des letzten Teilabschnittes von Billerbeck nach Havixbeck am 1. Mai 1908 ganze neun Jahre!

Die Ursachen für diesen langen Zeitraum waren vielfältig. Da die Linienführung in den allgemeinen Vorarbeiten nur „näherungsweise“ festgelegt worden war, wurde bis zum Schluss versucht, Einfluss auf den Verlauf der Strecke oder die Lage der Bahnhöfe zu nehmen. Städte und Gemeinden und einige Industrielle stellten hohe Zuschüsse in Aussicht, sollte die Bahn nach ihren Vorstellungen gebaut werden. Ließen sich die Vorstellungen nicht durchsetzen, wurden Kostenbeteiligungen abgelehnt oder erst nach jahrelangem Hin und Her beschlossen,

Auch waren nicht alle betroffenen Grundstückseigner von der Sinn- und Zweckhaftigkeit des Bahnbaus überzeugt. Sie ließen vielfach keine Gelegenheit aus, das Projekt zu verzögern.

Bereits im Rahmen erster Vorarbeiten wurden die Amtsvorsteher 1896 darauf hingewiesen, „den Ingenieuren und Arbeitern in jedem Fall das Betreten auch von privaten Grundstücken zu gestatten“.

Berichtet wird von einem Vermesser, der erst spät merkte, dass ihn auf der Weide ein Bulle ins Visier nahm. Er rannte um sein Leben. Da sah er einen Bauern auf einem Acker und rief „Bauer, Bauer, der Bulle!“. Darauf der Bauer: „Wies üm doch dienen Utwies!“

Der Landwirt Johann Te-Rhedebrügge berichtete 1902 von einer Versammlung zum Eisenbahnbau und vermerkte in seinem Tagebuch stolz: „Alle haben Bauerlaubnis gegeben. Bloß ich und Niehaves nicht!“ Für diesen Fall hatte das Gesetz über die Eisenbahnunternehmungen das „Recht zur Expropriation“, zur Enteignung gegen Entschädigung, vorgesehen, was dann auch wohl öfter zur Anwendung kam. Soweit ließ es Bauer Te-Rhedebrügge dann doch nicht kommen. Ein halbes Jahr nach obigem Eintrag in das Tagebuch hatte auch sein letzter Mitstreiter Grund und Boden an die Eisenbahn verkauft. Und wenige Monate später erklärte auch er sich zu diesem Schritt bereit.

Erzählt wird von Vermessern, die einen großen Hof betraten, die Tore der Durchfahrtsscheune öffneten und ihre Pflöcke setzten. Da kam der Bauer und fragte „Wat sall dat wähn?“ Darauf einer der Ingenieure: „Hier fährt demnächst die neue Eisenbahn.“ Der Bauer schaute ihn ungläubig an und antwortet: „Du glöwst doch wull nich, dat ick jedes Maol de Döen loß mak, wenn en Zug kümp?“

Offensichtlich kam es auch öfter vor, dass die „bei Ausführung der Vermessungsarbeiten im Felde sitzenden Grenzpfähle trotz der erlassenen Bekanntmachungen von den Grundeigenthümern oder sonstigen dritten eigenmächtig entfernt“ wurden. Mehrmals wurde deshalb seitens der Eisenbahndirektion darauf hingewiesen, dass „diese Pfähle bis zur Bauausführung erhalten bleiben müssen und der Ersatz derselben ungewöhnlich umfangreiche und zeitraubende Vermessungsarbeiten erfordert.“ Immer wieder wurden die Ortsvorstände aufgefordert, „auf die Erhaltung der Pfähle in geeigneter Weise hinzuwirken“.

Der Widerstand gegen das Projekt nahm mit der Zeit mehr und mehr ab. Der Zug der Zeit ließ sich nicht aufhalten!

Aber auch als der Bau der Strecke unausweichlich und nicht mehr zu verhindern war, wurde weiter gestritten, um jeden Überweg, jeden Durchlass, jeden Obstbaum und jede Einfriedung.

Wer hundert Jahre später mit kleineren und größeren Projekten ähnlicher Art befasst ist, dem wird dieses Vorgehen sicher bekannt vorkommen...

Der überwiegende Teil der Bevölkerung aber begrüßte den Bahnbau und hegte große Erwartungen in den Bahnanschluss, wohl wissend, dass „rings von Bahnen umgeben sein, selbst aber keine Bahn haben, das Todesurteil für eine Stadt ist“, wie es 1891 in einem Leserbrief pro Bahn im Billerbecker Anzeiger hieß.

Um 1900 waren zumindest die wichtigsten Straßen und Plätze innerorts gepflastert. Außerhalb der Orts- und Stadtkerne waren die Straßen dagegen oft nur notdürftig befestigt.

Slg. Heribert Lülf

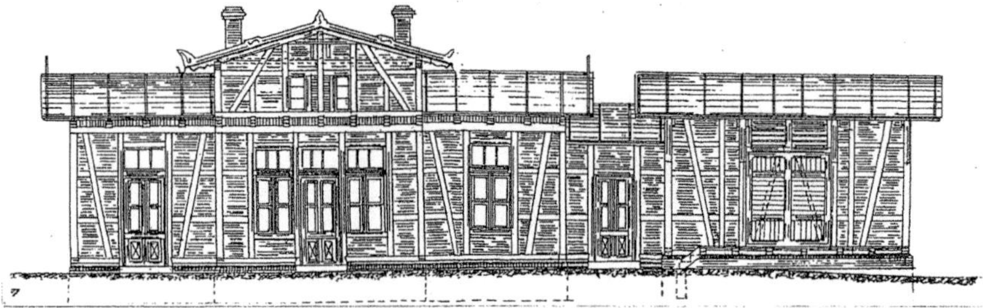

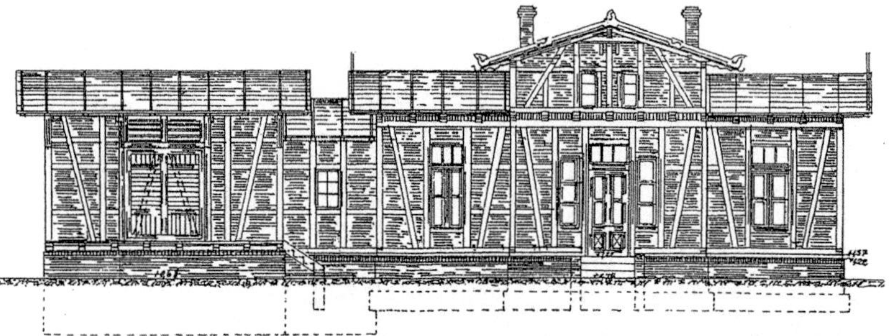

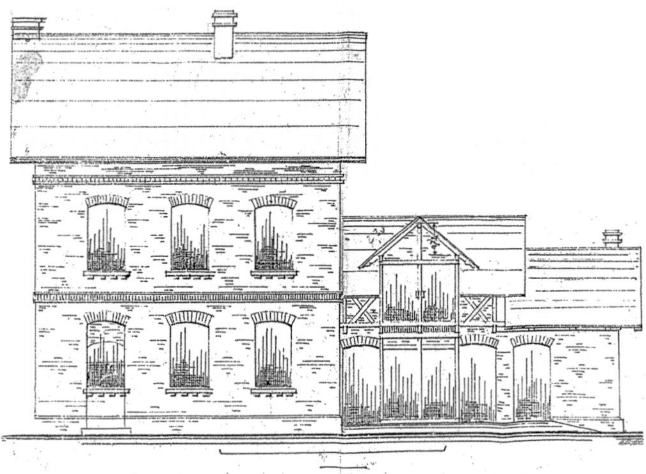

So oder so ähnlich: Die kleinen Stationen („Haltestellen") der preußischen Nebenbahnen erhielten um 1900 meistens sehr einfach gehaltene Fachwerk-Ziegel-Bauten, die Beamtenwohnhäuser waren da schon solider ausgelegt.

Stadtarchiv Rhede (links), Slg. Heinz Peirick (oben)

Eine Nebenbahn – nicht mehr und nicht weniger

Der Bau und Betrieb einer sogenannten Nebenbahn war für viele Regionen die letzte Chance auf den Anschluss an das Eisenbahnnetz. Die „Bahnordnung für deutsche Eisenbahnen untergeordneter Bedeutung" vom 1. Juli 1878 hatte die entsprechenden Voraussetzungen geschaffen. Durch Vereinfachungen beim Bau und Betrieb entstanden Bahnen, die den geringeren Anforderungen vor allem auf dem Lande vollkommen genügten. Ging es hier doch nicht um hohe Geschwindigkeiten im Personenverkehr und Massentransporte im Güterverkehr, sondern um regionale Erfordernisse wie die Fahrt zur höheren Schule oder zur Arbeitsstelle in die nächste Stadt und um den Transport von Steinkohle, Dünger, Vieh, Milch, Stamm- und Grubenholz und Stückgut aller Art. Die Nebenbahn diente allein der Erschließung der Region. Dass der Betrieb die Kosten decken oder vielleicht sogar einen Gewinn erwirtschaften könnte, war von vorneherein eher unwahrscheinlich.

Da reichte ein einfacher Oberbau mit geringer Achslast. Enge Kurven und spürbare Steigungen wurden in Kauf genommen. Bahnübergänge mussten nicht technisch gesichert werden. Auch gab es keinen signalisierten Zugbetrieb. Ein Zugleitbetrieb durch örtliche Fahrdienstleiter musste reichen. Die Züge fuhren höchstens 30 oder 40 km/h.

Auf der 110 km langen Strecke von Empel nach Münster gab es 190 unbeschrankte Bahnübergänge. Schrankenanlagen existierten zunächst nur in unmittelbarer Bahnhofsnähe und auf den parallel zu Hauptbahnen verlaufenden Streckenabschnitten innerhalb des Bocholter Stadtgebietes und von Coesfeld nach Lutum sowie von Mecklenbeck nach Münster.

Stationen wurden, sofern es die Verhältnisse zuließen, so nah wie möglich an den Ortsrand gelegt.

Der Abstand zwischen den einzelnen Stationen war gering. 16 neue Bahnhöfe und Haltepunkte sowie eine Güterladestelle wurden zwischen Empel und Münster eingerichtet. Hinzu kamen die Anschlüsse in Empel, Bocholt, Borken, Coesfeld und Münster. Die Stationen an der Strecke waren sehr einfach ausgestattet. Empfangsgebäude, Güterschuppen, Abortgebäude und Eisenbahnerwohnhäuser entstanden in einheitlichem Stil. Meistens waren nur ein Hauptgleis, ein Kreuzungsgleis und ein Ladegleis vorhanden. Für den Bau der Ladegleise wurde auch altbrauchbares Material verwandt. So fand sich noch in den 1980er Jahren am Havixbecker Ladegleis eine Schiene, die bereits 1880 gewalzt worden war, 27 Jahre bevor in Havixbeck der erste Zug fuhr.

Jeder Bahnhof fungierte als selbständige Dienststelle mit beamteten Vorstehern, Fahrdienstleitern, Fahrkartenverkäufern und Weichenwärtern sowie Arbeitern auf dem Güterboden und an der Ladestraße. Hinzu kamen die Bahnmeistereien für den Unterhalt der Gleisanlagen und der Gebäude sowie die Betriebswerke für die Unterhaltung von Lokomotiven und Wagen. Die Arbeitszeit bei der Eisenbahn lag im Königreich Preußen, wie übrigens bei den meisten Industriebetrieben, um 1890 bei 10-12 Stunden/Tag und einer Sechstagewoche.

Auf der Strecke von Empel nach Münster kamen zunächst nur drei bis fünf Zugpaare täglich zum Einsatz, einige davon nur auf Teilabschnitten. Auf den Zügen taten Lokführer und Heizer, Zugführer, Schaffner und Ladeschaffner ihren Dienst. Im Postwagen war zudem mindestens noch ein Postschaffner tätig. Im Hintergrund wirkten Betriebsämter und Direktionen.

Die Nebenbahn hätte eine typisch preußische Erfindung sein können. Sie war sparsam in der Ausstattung, zweckmäßig im Betrieb und erfüllte die in sie gesetzten Erwartungen.

Die Männer der ersten Stunde: Lokführer und Heizer des schmalspurigen Bauzuges, Bauarbeiter (mit den langen Stangen zum Kippen den Loren), Vermesser und Ingenieure. Slg. August Wessels

Die Bauleute

In den erhaltenen Bauunterlagen werden verschiedene ausführende Firmen genannt, die teilweise aus der Region, aber auch aus Essen, Braunschweig oder Halle an der Saale kamen. Während die hiesigen Firmen vor allem die Hochbauten erstellten, waren die Fremdfirmen mit Schachtarbeiten und der Anlage des Unter- und Oberbaues beschäftigt.

Während die Auftraggeber bekannt und die Namen der leitenden Vermessungs- und Bauingenieure dokumentiert sind, sind Angaben über die, die mit ihrer Arbeitskraft das große Werk zustande gebracht haben, nur spärlich überliefert. Offenbar nutzten viele Menschen aus der Region die Chance und verdingten sich beim Bahnbau. Darauf lassen Briefe schließen, mit denen sich Bauern bei der Eisenbahnverwaltung darüber beschwerten, dass viele Landarbeiter, die doch nur vorübergehend beim Bahnbau arbeiten wollten, nicht „zu ihren Bauern“ zurückgekehrt seien. Die erbetene Einflussnahme auf die Arbeiter wurde aber von den Bahnbehörden abgelehnt. Geregelte Arbeitszeiten, höhere Löhne und Beitragszahlungen in die Rentenversicherung werden letztendlich für viele Landarbeiter attraktiver gewesen sein, als die Arbeit in der Landwirtschaft. Und zudem bestand ja auch noch die Chance zur Übernahme in ein festes Arbeitsverhältnis, z.B. als Arbeiter in der Rotte.

Neben den einheimischen Arbeitskräften waren von Anfang an auch sogenannte „Wanderarbeiter“ am Bahnbau beteiligt. In seinen Tagebuchaufzeichnungen erwähnt der Bauer Johann Te-Rhedebrügge im Eintrag vom 4. Oktober 1901 einen Schachtmeister namens Fivlka und fügt hinzu, dass er ein „Polake“ sei. Besonders ausführlich berichtet der Billerbecker Anzeiger von den Baustellen im Baumbergegebiet und vergisst dabei auch nicht die Arbeiter. Die Leserinnen und Leser erfahren, dass ein Arbeiter aus Billerbeck bei einem Erdrutsch am 2. Januar 1906 sein Leben verloren hat. Am 18. Februar 1906 wird von 50 Arbeitern aus Böhmen und Mähren berichtet, die zur Verstärkung der Baumannschaften in Billerbeck eingetroffen seien. Verpflegt wurden die Arbeiter durch Kantinen, die entlang der Baustelle errichtet wurden. Durch gemeinschaftliche Einkäufe von Lebensmitteln versuchten die Arbeiter offensichtlich, ihre Unterhaltskosten nochmals zu senken. Kenntnis davon besteht, weil der Billerbecker Anzeiger im April 1906 von einem Einbruch in die Vorratskammer der Bahnarbeiter berichtet.

Im Mai 1906 kam es zu einem Aufruhr auf der Baustelle zwischen Billerbeck und Havixbeck. Laut Zeitungsbericht kam es zu Reibereien und Zwistigkeiten zwischen den Bauführern, den Schachtmeistern, Arbeitern und Kantinenführern. Ursächlich war offensichtlich der Vorwurf, ein Bauführer unterschlage Arbeitslöhne. Erst nach dessen Abberufung wurden die Arbeiten an der Strecke wieder aufgenommen.

Die Eisenbahn bot vielen Menschen Lohn und Brot. Stolz präsentiert sich die Rotte Vehlingen dem Fotografen. Slg. Friedrich Stege

Am 30. April 1960 nahm Theo ten Haaf in Empel den P 8373 nach Bocholt auf. Der Zug besteht im Wesentlichen aus Güterwagen, für Reisende hält er nur einen alten Abteilwagen bereit. Sammlung Evert Heusinkveld

Erster Bauabschnitt Empel – Bocholt

Im April 1899 begannen die Vermessungsarbeiten in Empel. Vom bestehenden Bahnhof aus verlief die neue Linie in einem engen Bogen in nordöstliche Richtung auf Vehlingen und Isselburg zu und von hier aus weiter über Werth und Mussum nach Bocholt. Brücken überspannten die Issel und einen kleinen Bach bei Mussum. Weitere Kunstbauten waren nicht erforderlich.

Die Bauarbeiten gingen zügig voran, so dass bereits im Dezember 1900 der Güterverkehr auf dem Abschnitt Empel – Isselburg aufgenommen werden konnte. Die Gesamtstrecke wurde am 27. Juli 1901 landespolizeilich geprüft und am 1. August 1901 eröffnet. Verwaltet und betrieben wurde der erste Abschnitt bis 1905 von der Eisenbahndirektion Essen.

Mit der Eröffnung des Personenverkehrs stellten die Postkutschen ihren Verkehr ein. Der Wechsel der Verkehrsmittel wurde durchaus als epochale Wende wahrgenommen und wiederholt photographisch dokumentiert. Die Bahnhöfe und der Eröffnungszug waren festlich geschmückt. Gustav Nering Bögel, der sich über Jahrzehnte unermüdlich für den Bau dieser Strecke eingesetzt hatte, war nicht mehr dabei. Er war wenige Wochen zuvor im Alter von 64 Jahren verstorben.

Anhang zum Aushangfahrplan

der Direktionsbezirke Elberfeld und Essen

vom 1. Mai 1901.

Gültig vom 1. August 1901.

Empel—Bocholt.

1	3	5	7	Entf. km	K. E. D. Essen. Stationen.	2	4	6	8	+ Nur Sonntags
[illegible]	[illegible]	[illegible]	[illegible]		ab Emmerich (23) an	[illegible]	[illegible]	[illegible]	[illegible]	
[illegible]	[illegible]	[illegible]	[illegible]		an Empel 23 ab	[illegible]	[illegible]	[illegible]	[illegible]	
[illegible]	[illegible]	[illegible]	[illegible]		ab Oberhausen (23) an	[illegible]	[illegible]	[illegible]	[illegible]	
—	[illegible]	[illegible]	[illegible]		ab Wesel 23 an	[illegible]	[illegible]	[illegible]	[illegible]	
	[illegible]	[illegible]	[illegible]		an Empel 23 ab	[illegible]	[illegible]	[illegible]	[illegible]	
2–4	2–1	2–4	2–1		Klasse. / Klasse.	2–4	2–4	2–1	2–1	
5^{24}	8^{15}	2^{15}	5^{35}	0,0	ab **Empel** 23 an	7^{34}	1^{36}	4^{24}	8^{31}	
6^{04}	8^{24}	2^{24}	5^{44}	3,7	" **Vehlingen** ab	7^{26}	1^{28}	4^{16}	8^{22}	—
6^{11}	8^{40}	2^{35}	6^{00}	6,2	" **Isselburg-Anholt** "	7^{19}	1^{21}	4^{09}	8^{15}	
6^{19}	8^{52}	2^{44}	6^{16}	10,2	" **Werth** "	7^{09}	1^{07}	3^{59}	7^{54}	—
6^{27}	9^{02}	2^{52}	6^{28}	14,0	" **Mussum** "	7^{01}	12^{59}	3^{51}	7^{40}	—
6^{35}	9^{12}	3^{00}	6^{38}	18,7	an **Bocholt** 23 ab	6^{50}	12^{48}	3^{40}	7^{25}	—
—	[illegible]	[illegible]	[illegible]		ab Bocholt an	—	[illegible]	—	—	
—	[illegible]	[illegible]	[illegible]		an Winterswyk M. E. Z. (23) ab	—	[illegible]	—	—	—
[illegible]	[illegible]	[illegible]	[illegible]		ab Bocholt an	[illegible]	[illegible]	[illegible]	[illegible]	
[illegible]	[illegible]	[illegible]	[illegible]		an Wesel 23 ab	[illegible]	[illegible]	[illegible]	[illegible]	—
[illegible]	[illegible]	[illegible]	[illegible]		" Oberhausen 23 ab	—	[illegible]	[illegible]	[illegible]	

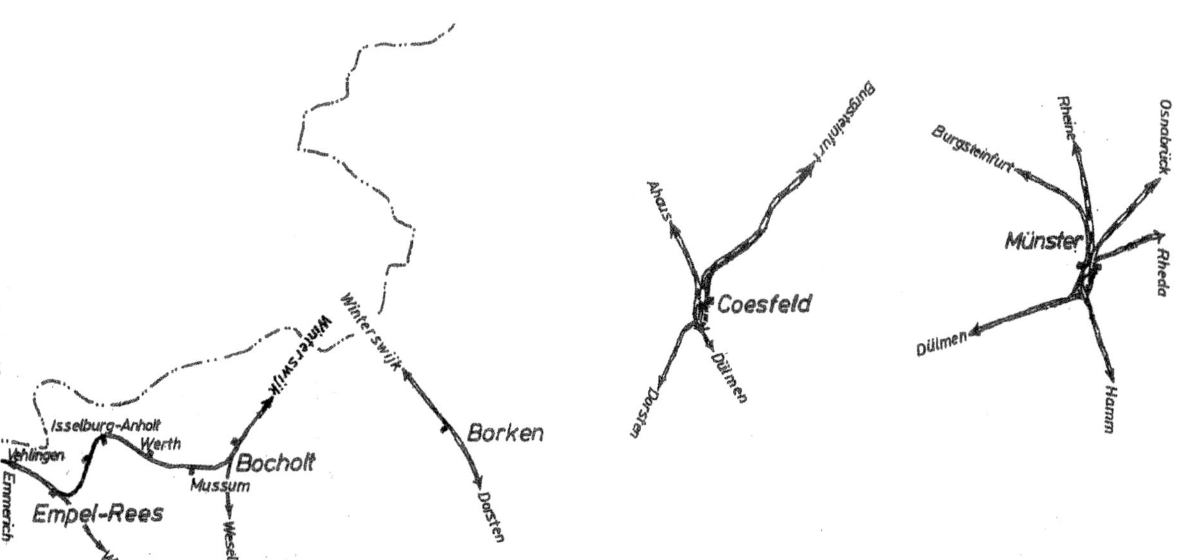

Vier Zugpaare sah der erste Fahrplan zwischen Empel und Bocholt vor. Zwischen Bocholt, Borken, Coesfeld und Münster klaffen noch Lücken.

Slg. Friedrich Stege

Eine Epoche geht zu Ende: Die letzten Postkutschen am Postamt in Empel. Unten der Blick vom Hausbahnsteig auf die erweiterten Gleisanlagen, den Wasserturm und ein Stellwerk. Stadtarchiv Rees (2)

Auf der neuen Strecke verkehrten täglich vier Zugpaare mit Halt auf allen Stationen. Die Züge benötigten für die knapp 20 km lange Strecke zwischen 40 und 60 Minuten Fahrtzeit.

Empel (km 0,00)

Ausgangspunkt der neuen Eisenbahnstrecke war Empel. Die kleine Gemeinde, die ursprünglich Hurl hieß, hatte bereits 1856 einen Bahnhof an der Bahnlinie von Oberhausen nach Arnheim erhalten. Empel war die den Städten Isselburg und Bocholt am nächsten liegende Eisenbahnstation.

Seit dem 20. Oktober 1856 bestand eine Postkutschenverbindung zwischen Empel und Isselburg-Anholt. Der Bahnhof entwickelte sich zum wichtigen Umschlagplatz für die Güter der Prinz Leopold-Hütte in Empel, die einen eigenen Bahnanschluss erhalten hatte, der Isselburger Hütte und der sich rasant entwickelnden Textilindustrie in Bocholt.

Die 6 km westlich gelegene Stadt Rees hatte sich seit 1846 vergeblich um einen Bahnhof am Stadtrand bemüht. Doch die Cöln-Mindener-Eisenbahn entschied sich mit Verweis auf die durch den nahen Rhein drohende Hochwassergefahr für die Linienführung über Empel. Die Reeser behalfen sich zunächst mit dem Bau einer Straße zum Bahnhof. 1897 nahm dann eine meterspurige Schmalspurbahn, die „Stadt Reeser Anschlußbahn", ihren Betrieb auf. Die inzwischen in „Kleinbahn Rees-Empel" umbenannte Bahn wurde 1914 auf Normalspur umgebaut und elektrifiziert. Obwohl die eingesetzten Fahrzeuge an eine Straßenbahn erinnerten, war die Bahn eine richtige Eisenbahn mit regem Personen- und Güterverkehr. Bis zur Stilllegung im Jahre 1966 verband sie die Stadt am Rhein mit dem weit entfernt gelegenen Bahnhof.

Allen Umständen zum Trotz und vielleicht auch zum Trost der Reeser wurde der Bahnhof Empel zum 700jährigen Stadtjubiläum von Rees im Jahre 1928 in „Empel-Rees" umbenannt.

In Empel bestanden bereits ein stattliches Empfangsgebäude, ein Güterschuppen, eine Ladestraße mit Kopf- und Seitenrampe und eine Bahnmeisterei.

Während sich die Anlagen der Kleinbahn westlich des Bahnhofes befanden, entstanden die Anlagen für die neue Linie Richtung Isselburg und Bocholt östlich der vorhandenen Bahnanlagen.

Zur Behandlung der hier eingesetzten Lokomotiven wurden ein Wasserturm, eine Drehscheibe und ein einständiger Lokschuppen aus Wellblech gebaut. Die Personenzüge Richtung Bocholt hielten am Mittelbahnsteig.

Mit der Inbetriebnahme der neuen Strecke hatte sich der kleine Bahnhof Empel in einen Knotenpunkt verwandelt. Anschlüsse bestanden in Richtung Oberhausen, Arnheim, Rees und Bocholt.

Vehlingen (km 3,75)

Hätte die neue Bahn, wie ursprünglich geplant, in Emmerich ihren Ausgangspunkt genommen, hätte die benachbarte wesentlich größere Gemeinde Millingen Anschluss an das Eisenbahnnetz erhalten. So aber musste man sich mit einem 4 km vom Ort entfernten Haltepunkt in Vehlingen begnügen.

'artehäuschen, Wärterbude und ein ausrangierter Güterwagen für die Rotte reichten r den Haltepunkt Vehlingen. *Stadtarchiv Rees*

Festlich geschmückt erreicht der erste Personenzug den Bahnhof Isselburg-Anholt.

Slg. Friedrich Stege

Zumindest ein bescheidenes Wartehäuschen wurde errichtet. Später kamen noch eine Wellblechbude und ein ausrangierter Güterwagenkasten für die hier stationierte Rotte hinzu.

Güterverkehr war für diese kleine Station nicht vorgesehen.

Isselburg-Anholt (km 6,21)

Der Eigner der Isselburger Hütte hatte sich am längsten und intensivsten für die neue Bahnstrecke eingesetzt und von Anfang an auch seine Bereitschaft erklärt, einen erheblichen finanziellen Betrag zum Bau der Bahn beizutragen.

Umso mehr verwundert es, dass es gleich zwei Varianten für die Linienführung nach Isselburg gab. Eine sah den Bau der Strecke von Vehlingen aus neben der Provinzialstraße vor, so dass der Bahnhof am südlichen Rand von Isselburg gelegen hätte. Hiervon hätte vor allem die Pieronsche Maschinenfabrik profitiert, die sich hier wenige Jahre zuvor angesiedelt hatte. Letztendlich setzte sich aber die zweite Variante durch, bei der die Trasse hinter Vehlingen nach Nordosten abbog und die Issel über eine große Brücke überwand. Der Bahnhof kam nördlich von Isselburg, jedoch auf Anholter Gebiet zu liegen. Fürst Salm-Salm in Anholt hatte die erforderlichen Grundstücke zur Verfügung gestellt. Die Station trug von

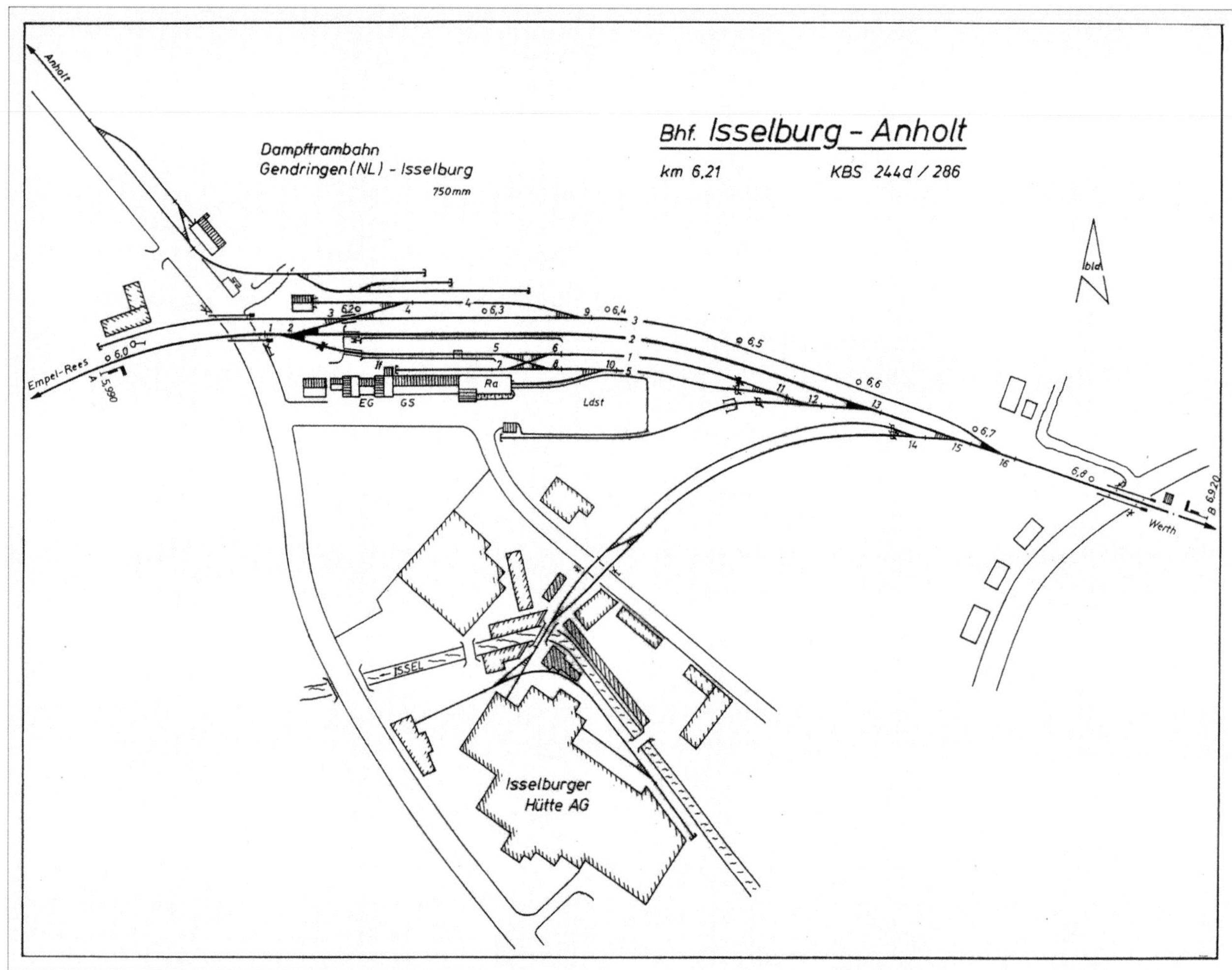

Gleis- und Lageplan des Bahnhofs Isselburg-Anholt, Zustand von 1940.
Theo Bruland

Anfang an den Namen „Isselburg-Anholt". Der Bahnhof erhielt ein Empfangsgebäude und einen Güterschuppen, eine Ladestraße und eine Rampe. Am Bahnübergang der Straße nach Anholt entstand ein Beamtenwohnhaus für zwei Familien.

Die Bedeutung der Strecke für die Isselburger Hütte wird auch unterstrichen durch die Tatsache, dass die Teilstrecke von Empel nach Isselburg nach nur achtmonatiger Planungs- und Bauphase am 30. November 1900 landespolizeilich abgenommen und schon am Folgetag für den Güterverkehr freigegeben wurde. Die Isselburger Hütte erhielt von Anfang an ein eigenes Anschlussgleis, das bereits 1902 um ein zweites Gleis erweitert wurde. In einer Dienstanweisung vom 21. April 1902 wird die Nutzung geregelt. Demnach erfolgte die Bedienung, natürlich „nur mit ausdrücklicher Genehmigung des dienstthuenden Stationsbeamten", einmal am Tag zwischen 9 und 10 Uhr als Rangierfahrt.

Der Personenverkehr wurde mit Inbetriebnahme des gesamten ersten Abschnittes bis Bocholt am 1. August 1901 aufgenommen.

Zum damaligen Zeitpunkt beschäftigte die Isselburger Hütte ca. 300 Arbeiter, darunter auch viele Niederländer, die

nder voraus
hrt die zur
eckeneröffnung
schmückte
komotive der
ttung G 3 in den
hnhof Werth
1.

Slg. Friedrich Stege

ihren Arbeitsplatz nur nach langen Fußmärschen erreichen konnten. Im Achterhoek war bereits ab 1881 ein Schmalspurnetz mit einer Spurweite von 750 mm entstanden, das durch die betriebsführende Geldersche Stoomtramweg Maatschappij (GSM) ständig erweitert wurde. Nichts lag daher näher, als eine bereits 1890 bis Gendringen an der Landesgrenze führende Strecke um 6 km bis zum Bahnhof Isselburg-Anholt zu verlängern. Nach langwierigen Verhandlungen, zu klären waren u.a. die Verlegung der Gleise im Straßenraum und die Regelung der Zollformalitäten, konnte die Bahn am 30. April 1903 eröffnet werden. Am Bahnhof Isselburg-Anholt entstanden ein Güterschuppen und eine Lokremise sowie diverse Ladegleise.

Die Kleinbahn hatte jetzt Übergangsmöglichkeiten zur „großen" Bahn in Dieren, Doesburg, Doetinchem und Isselburg-Anholt.

Bedeutend entwickelte sich vor allem der Umschlag von Kohle im Bahnhof Isselburg-Anholt. Von Hand musste das Brennmaterial von Normalspur- auf Schmalspurwaggons verladen werden.

Werth (km 10,14)

Bereits 4 km nach Isselburg-Anholt wurde der nächste Bahnhof in Werth angelegt. Größere Betriebe gab es in Werth um die Jahrhundertwende nicht. Wer nicht in der Landwirtschaft, im Handwerk oder im Handel Arbeit und Brot fand, musste zur Arbeit fahren. Auffällig ist hier, dass nur wenige Bewohner von Werth Arbeit in der Isselburger Hütte fanden. Die meisten Arbeiter pendelten nach Bocholt und arbeiteten dort in der Textilindustrie.

Der Bahnhof erhielt nur die notwendigste Ausstattung mit Empfangsgebäude, Güterschuppen, Beamtenwohnhaus und Ladegleis mit Kopf- und Seitenrampe. Außerdem wurden vier Lagerplätze eingerichtet.

Mussum (km 14,01)

Auch in Mussum war der Bahnhof sehr bescheiden. Die ersten Fahrkarten wurden vom damaligen Stationsvorsteher selbst erworben. Als erstes Frachtgut erreichten 10 t Steinkohle am 19. August 1901 den kleinen Landbahnhof. Besteller war die Brennerei Wolbring in Mussum.

Die wichtigsten Gebäude in Mussum: Bahnhof, Volksschule und die Gaststätte Tenk. Slg. Heribert Lülf

Bocholt (km 19,90)

In Bocholt setzte die Industrialisierung in den 50er Jahren des 19. Jahrhunderts ein. Bereits 1852 wurde die erste Dampfmaschine in der Spinnerei Tangerding aufgestellt, 1857 folgten die Baumwollspinnereien Gebr. Driessen und die Mechanische Weberei L. Schwartz, 1859 die Mechanische Weberei J. Beckmann. Innerhalb weniger Jahrzehnte entwickelte sich Bocholt von einer Ackerbürgerstadt mit ca 5000 Einwohnern zu einer Industriestadt, in der 1880 8500 und 1898 fast 20.000 Menschen lebten.

Bereits am 1. Juli 1878 war die Strecke von Wesel über Hamminkeln und Dingden nach Bocholt von der Cöln-Mindener-Eisenbahn eröffnete worden. Am 1. September 1880 folgte die Strecke von Winterswijk über Barlo nach Bocholt. Betriebsführerin war hier die Bergisch-Märkische Eisenbahn-Gesellschaft.

Das Empfangsgebäude, ein einfacher Bau aus Fachwerk, wurde von beiden Bahngesellschaften gemeinschaftlich genutzt. Neben dem Güterschuppen der CME waren für die Strecke von und nach Winterswijk ein zweiter Güterschuppen, ein Gebäude für das erforderliche Zollamt und

Am 12. Mai 1966 präsentiert sich Bahnhof Bocholt noch in voller Größe, vor einem der beiden Inselbahnsteige wartet 78 377.

Evert Heusinkveld

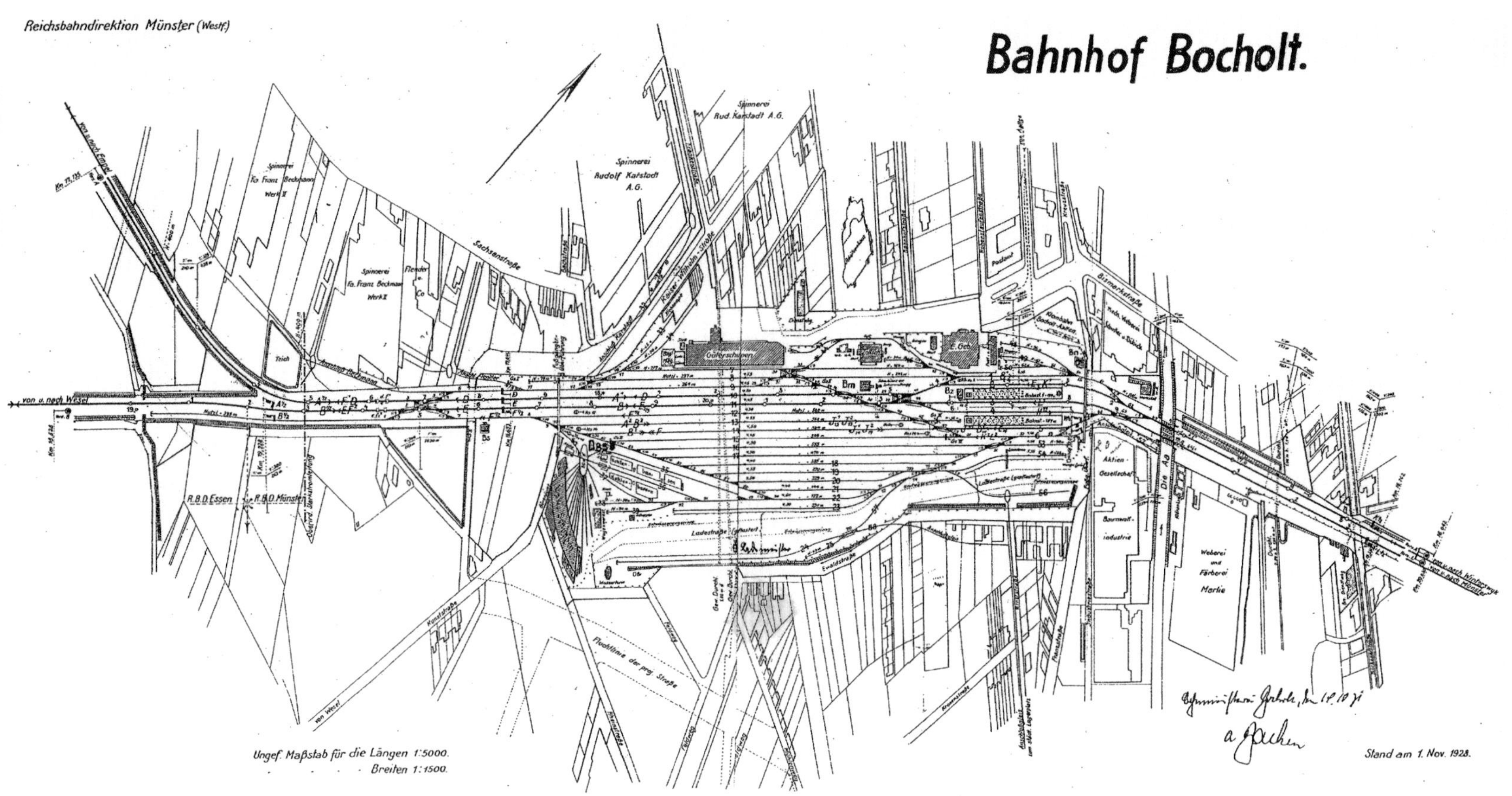

Gleisplan des Bahnhofs Bocholt mit Stand 1. November 1928. An der Münsterschen Seite (rechts) sind die Gleise umrahmt von Textilfabriken.

Wohnhäuser für die Zollbeamten in unmittelbarer Nähe des Bahnhofes entstanden. Außerdem gab es einen einständigen Lokschuppen und eine Drehscheibe. Eine Bahnmeisterei war für den Streckenunterhalt zuständig.

Bedingt durch den Neubau der Strecke Empel – Münster musste der Bahnhof Bocholt erheblich erweitert werden. Am südlichen Ende wurden ein achtständiger Ringlokschuppen mit Drehscheibe und Wasserturm gebaut und ein Bahnbetriebswerk eingerichtet. Erstmals wurden jetzt Lokomotiven in Bocholt beheimatet und unterhalten. Auch ein neues Empfangsgebäude war geplant, aber erst 1903 wurde mit den Bauarbeiten begonnen. Das Gebäude wurde am 1. Oktober 1904 seiner Bestimmung übergeben. Zur Verfügung standen eine Haupthalle mit zwei Fahrkartenschaltern, die Gepäckabfertigung, ein Wartesaal I. und II. Klasse, ein Wartesaal III. bis IV. Klasse sowie die Dienstzimmer des Bahnhofsvorstehers. Durch einen Tunnel konnten die beiden neuen Bahnsteige erreicht werden. Die Treppen an den Bahnsteigen waren jeweils mit einem Glashäuschen überdacht.

Die Neubaustrecke wurde südlich des Bahnüberganges der Straße von Bocholt nach Dingden parallel zur Weseler Strecke in den Bahnhof eingefädelt. Die Züge hielten am nördlichen der beiden Mittelbahnsteige. 1909 war Bocholt zum Bahnhof I. Klasse aufgestiegen. Der Bahnhof verfügte über rund 30 Gleise, vier Bahnsteiggleise und vier Stellwerke.

Die Cöln-Mindener-Eisenbahn und die Bergisch-Märkische Eisenbahn-Gesellschaft waren zwischenzeitlich verstaatlicht worden und in der Königlich Preußischen Eisenbahn-Verwaltung (K.P.E.V.) aufgegangen. Die Betriebsführung auf der Neubaustrecke, auf den Strecken nach Wesel und bis zum Grenzübergang in Barlo sowie im Bahnhof Bocholt oblag der Königlichen Eisenbahndirektion Essen.

Viele Textilarbeiterinnen und -arbeiter pendelten täglich aus den benachbarten Niederlanden nach Bocholt ein. Seit 1910 hatten sie die Möglichkeit, mit der Geldersch-Westfaalschen Stoomtram Maatschappij (GWSM) von Lichtenvoorde über Aalten bis Bocholt zu fahren. Der Betrieb der Schmalspurbahn mit einer Spurweite von 750 mm wurde aber bereits 1916 wieder eingestellt. Der durch den Weltkrieg bedingte Ausfall von Baumwollimporten hatte die Textilproduktion im Westmünsterland weitgehend zum Erliegen gebracht.

1904 erhielt Bocholt sein durchaus eindrucksvolles neues Empfangsgebäude, hier zu sehen auf einer Postkarte sowie auf einer 1903 von der Königlich Eisenbahn-Direktion erstellten Zeichnung.

Slg. Antonius Mayland (oben), Slg. Georg Raterm

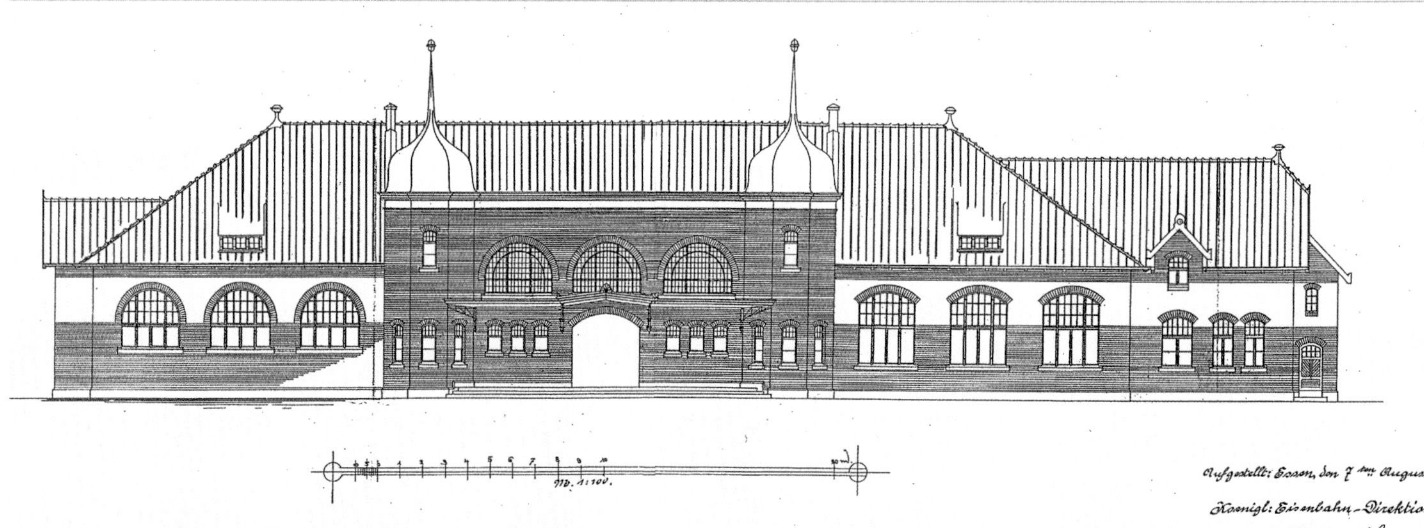

Zweiter Bauabschnitt Bocholt – Borken

Der Weiterbau der Strecke erfolgte parallel zur Bahnstrecke von Bocholt über Barlo nach Winterswijk. Kurz hinter dem Bahnhof wurde die Bocholter Aa zum ersten Mal überquert. Die Bahnübergänge auf Bocholter Stadtgebiet waren durch die Schrankenposten 13 und 14 der Hauptbahn gesichert. Die neue Linie zweigte in Höhe der Eintrachtstraße in östlicher Richtung ab, verlief durch den Bocholter Stadtwald und nahm Kurs auf Rhede. Zwischen Rhede und Rhedebrügge überquerte die Bahn erneut die Bocholter Aa und danach die Landstraße von Bocholt nach Borken. Vom Bahnhof Rhedebrügge aus verlief die Strecke zunächst parallel zur Landstraße, überquerte sie dann nochmals, führte in gerader Linie bis zur Kapellenstraße und verlief dann in einem Bogen von Norden in den Bahnhof Borken.

Die landespolizeiliche Prüfung der Strecke erfolgte am 25. Juli 1902, die Eröffnung am Freitag, den 1. August 1902. Während auf dem Abschnitt Empel – Bocholt fünf Zugpaare verkehrten, waren es auf der Strecke Bocholt – Borken vier Zugpaare. Durchgehende Züge waren nicht vorgesehen. Gefahren wurde täglich. Auf allen Stationen wurde ein Halt eingelegt. Die Züge führten die II.-IV. Wagenklasse. Für die 17 km lange Fahrtstrecke von Bocholt nach Borken benötigten die Züge zwischen 40 und 46 Minuten. Die Fahrkarte IV. Klasse von Borken nach Rhedebrügge kostete 15 Pfennig, nach Rhede 25 Pfenning, nach Bocholt 40 Pfennig, nach Isselburg-Anholt und Vehlingen 70 Pfennig und nach Empel 80 Pfennig. Zum Vergleich: Ein Bahnhofsarbeiter verdiente zum damaligen Zeitpunkt 2,44 Mark/Tag.

Ein weiterer Lückenschluss. Gruppenaufnahme anlässlich der Streckeneröffnung Bocholt – Borken am 1. August 1902 in Rhede. Slg. August Wessels

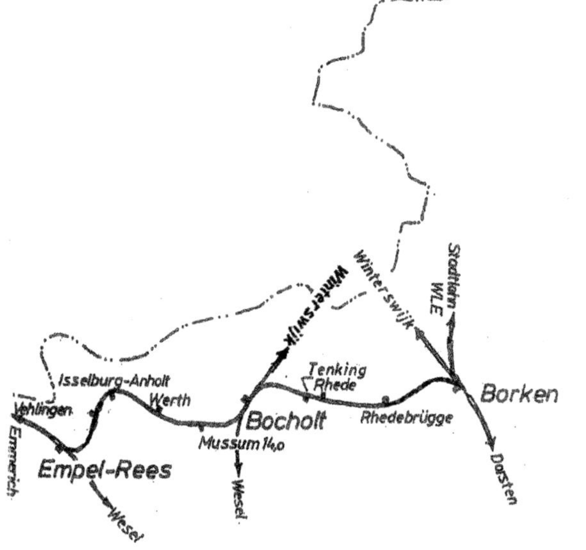

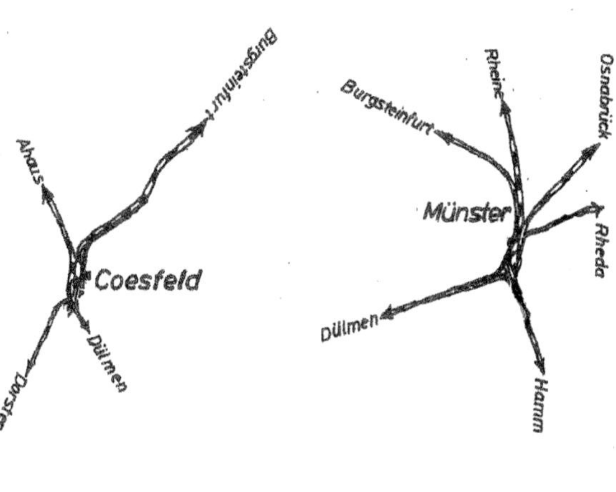

1903 wurde in Borken schon ein beachtlicher Fahrplan ausgehängt, die Strecke nach Coesfeld fehlt darauf allerdings noch.

Slg. Heinz Garwer

Eisenbahn-Fahrplan der Station Borken i. W. (Staats- u. Nordbahnhof.)

Gültig vom 1. Mai 1903.

Gratis-Beilage zum „Borkener Wochenblatt."

I. Strecke Winterswyk-Borken-Wanne-Essen H. B. und zurück. (Staatsbahn.)

Sämmtliche Züge I. bis IV. Klasse.

A. Winterswyk—Borken—Essen H. B.

Amsterdam	ab	6,38			6,03		8,27	:,09	
Zütphen	ab	8,51		7,13	9,08		10,41	3,48	
Winterswyk W. E. Z.	an	9,51		8,12	10,08		11,44	4,40	
Winterswyk W. E. Z.	ab	3,42	6,25	9,12	10,30		1,34	4,45	7,10
" M. E. Z.	ab	4,42	7,26	10,12	11,30		2,34	5,45	8,10
Burlo	ab	4,54	7,38	10,24	11,42		2,47	5,56	8,21
Borken (Staatsb.)	ab	5,12	7,58	10,42	12,04		3,08	6,19	8,39
Rhade	ab	5,27	8,15	10,57	12,21		3,25	6,35	8,54
Hervest-Dorsten	an	5,39	8,30	11,08	12,35		3,40	6,47	9,07
Hervest-Dorsten	ab	5,48	8,39	11,18	12,42		3,47	6,53	9,12
Dorsten	ab	5,53	8,44	11,24	12,48	1,45	3,54	6,59	9,19
Feldhausen	ab	6,01	8,52	11,33	12,56	1,53	4,03	7,07	9,28
Gladbeck	ab	6,09	9,01	11,42	1,04	2,01	4,12	7,15	9,37
Buer	ab	6,17	9,09	11,50	1,11	2,09	4,22	7,22	9,45
Bismarck	an	6,24	9,16	11,57	1,18	2,16	4,29	7,29	9,52
Bismarck	ab	6,28	9,20	11,59	1,21	2,17	4,33	7,33	9,56
Unser Fritz	ab	6,33	9,25	12,04	1,26	2,22	4,38	7,38	10,00
Wanne	an	6,39	9,31	12,10	1,32	2,28	4,44	7,44	10,06
Bismarck	ab	6,36	9,20	12,04	1,25		4,38	7,33	9,57
Schalke Nord	ab	6,41	9,26	12,09	1,30		4,42	7,38	10,02
Heßler	ab	6,47	9,31	12,13	1,35		4,47	7,43	10,07
Katernberg Nord	ab	6,53	9,37	12,19	1,41		4,53	7,49	10,13
Stoppenberg	ab	7,00	9,43	12,25	1,47		4,59	7,55	10,19
Essen H. B.	an	7,07	9,49	12,32	1,57		5,05	8,02	10,26

B. Essen H. B.—Borken—Winterswyk.

Essen H. B.	ab	4,30	7,18	10,02	12,15	2,43	5,23	8,11	10,38
Stoppenberg	ab	4,37	7,24	10,08	12,22		5,31	8,18	10,45
Katernberg Nord	ab	4,44	7,31	10,15	12,29	2,55	5,38	8,25	10,52
Heßler	ab	4,50	7,37	10,21	12,35	3,00	5,45	8,31	10,58
Schalke Nord	ab	4,56	7,43	10,26	12,41	3,04	5,51	8,36	11,03
Bismarck	an	5,00	7,47	10,30	12,45	3,08	5,55	8,40	11,07
Wanne	ab	4,53	7,37	10,22	12,37	2,59	5,48	8,32	10,56
Unser Fritz	ab	4,59	7,44	10,23	12,43	3,05	5,55	8,38	11,03
Bismarck	an	5,03	7,48	10,32	12,47	3,09	5,59	8,42	11,07
Bismarck	ab	5,06	7,51	10,35	12,49	3,12	6,03	8,45	11,10
Buer	ab	5,14	7,59	10,43	12,57	3,20	6,11	8,53	11,18
Gladbeck	ab	5,22	8,08	10,50	1,05	3,27	6,20	9,01	11,26
Feldhausen	ab	5,30	8,16	10,57	1,13	3,36	6,29	9,09	11,34
Dorsten	ab	5,38	8,25	11,07	1,20	3,40	6,40	9,18	11,42
Hervest-Dorsten	an	5,41	8,28	11,10		3,43	6,44	9,21	11,45
Hervest-Dorsten	ab	5,44	8,38	11,20		3,44	6,55	9,22	11,49
Rhade	ab	5,56	8,51	11,34		3,56	7,09	9,35	12,02
Borken (Staatsb.)	ab	6,11	9,07	11,52		4,11	7,27	9,52	12,17
Burlo	ab	6,21	9,18	12,03			7,27	10,03	
Winterswyk M. E. Z.	an	6,32	9,29	12,14		4,27	7,48	10,14	12,37
" W. E. Z.	an	5,32	8,29	11,14		3,27	6,48	9,14	11,37
Winterswyk W. E. Z.	an	5,41	9,44	11,50		3,37			
Zütphen	an	5,36	10,37	12,54		4,29			
Amsterdam	an	8,53	1,28	3,36		7,18			

Preise der Fahrkarten von Borken (Staatsbahnhof) nach den

Stationen:	Einfache Fahrkarten: Schnellzug I. Kl.	II. Kl.	III. Kl.	Personenzug I. Kl.	II. Kl.	III. Kl.	IV. Kl.	Rückfahrkarten, Gültig für alle Züge: I. Kl.	II. Kl.	III. Kl.
Amsterdam C. S.				12,50	9,40	6,20		17,40	13,30	8,90
Anholt-Isselburg					2,—	1,30	0,70		2,90	2,—
Berlin (Stadtbahn)	46,10	35,70	24,90					64,70	48,60	37,40
Bismarck				3,50	2,60	1,80	0,90	5,20	3,90	2,60
Bocholt					1,20	0,80	0,40		1,80	1,20
Bochum Süd				4,60	3,50	2,30	1,20	6,90	5,20	3,50
Buer				3,10	2,30	1,60	0,80	4,60	3,50	2,30
Burlo				0,70	0,50	0,35	0,20	1,—	0,80	0,50
Katernberg Nord				4,—	3,—	2,—	1,—	6,—	4,50	3,—
Köln über Kirchhellen-Oberhausen		7,50	5,20		7,10	4,70	2,40		10,60	7,—
dto. " Essen, Wanne od. Wesel	13,90	8,90	6,20	11,20	8,40	5,60	2,80	15,80	11,80	7,90
Dinslaken					3,20	2,10	1,10		4,70	3,20
Dorsten				1,90	1,50	1,—	0,50	2,90	2,20	1,50
Dortmund	6,10	4,60	3,10	5,90	4,40	3,—	1,50	9,—	6,80	4,50
Duisburg		3,40	2,30		3,30	2,20	1,10		5,—	3,30
Düsseldorf üb. Kirchhellen-Oberhausen		4,90	3,40		4,70	3,20	1,60		7,10	5,70
dto. " Essen, Wanne od. Wesel	8,50	6,30	4,30	8,—	6,—	4,—	2,—	12,—	9,—	6,—
Elberfeld (über Essen)				8,30	6,20	4,20	2,10	12,40	9,30	6,20
Emmerich (über Bocholt)					3,—	2,—	1,—		4,50	3,—
Empel					2,30	1,60	0,80		3,50	2,30
Essen H. B.				4,70	3,50	2,40	1,20	7,—	5,30	3,50
Gladbeck				2,70	2,—	1,40	0,70	4,—	3,—	2,—
Haltern				3,20	2,40	1,60	0,80	4,70	3,60	2,40
Hervest-Dorsten				1,80	1,40	0,90	0,50	2,70	2,—	1,40
Isselburg-Anholt					2,—	1,30	0,70		2,90	2,—
Münster	6,90	5,10	3,50	6,40	4,80	3,20	1,60	9,60	7,20	4,80
Mussum					1,50	1,—	0,50		2,20	1,50
Recklinghausen				4,20	3,20	2,10	1,10	6,30	4,70	3,20
Reken				3,10	2,30	1,60	0,80	4,60	3,50	2,30
Rhade				1,—	0,80	0,50	0,25	1,50	1,20	0,80
Rhede					0,80	0,50	0,25		1,20	0,80
Rhedebrügge					0,40	0,30	0,15		0,60	0,40
Rheine über Hervest-Dorsten					6,20	4,20	2,10		9,20	6,20
Schalke				3,60	2,70	1,80	0,90	5,40	4,10	2,70
Tenking					0,90	0,60	0,30		1,40	0,90
Unser Fritz				3,60	2,70	1,80	0,90	5,40	4,10	2,70
Vehlingen					2,10	1,40	0,70		3,10	2,10
Wanne				3,90	2,90	2,—	1,—	5,80	4,40	2,90
Werth					1,70	1,10	0,60		2,50	1,70
Wesel über Bocholt					2,40	1,60	0,80		3,60	2,40
dto. " Hervest-Dorsten					2,90	1,90	1,-		4,30	2,90
Winterswyk				1,40	1,10	0,70	0,40	2,10	1,60	1,10
Zütphen				5,20	4,—	2,60		6,70	5,10	3,50

II. Strecke Borken-Bocholt-Empel und zurück. (Staatsbahn.)

Sämmtliche Züge II. bis IV. Klasse.

A. Borken—Empel.

Borken (Staatsbahnhof)	ab	6,15	9,10	11,05		4,15	9,10
Rhedebrügge	ab	6,27	9,23	11,20		4,32	9,25
Rhede	ab	6,38	9,34	11,34		4,48	9,39
Tenking	ab	6,44	9,40	11,41		4,55	9,46
Bocholt	an	6,52	9,48	11,51		5,05	9,56
Bocholt	ab	7,00	10,00	12,56	3,42	7,45	
Mussum	ab	7,09	10,09	1,06	3,51	7,57	
Werth	ab	7,17	10,17	1,14	3,59	8,07	
Isselburg-Anholt (Station)	an	7,27	10,27	1,23	4,38	8,20	
Isselburg-Anholt (Station)	ab	7,37	10,37	1,28	4,20	8,24	
Anholt (Stadt)	an	7,46	10,46	1,37	2,49	8,33	
Vehlingen	ab	7,34	10,34	1,30	4,15	8,27	
Empel	an	7,41	10,41	1,37	4,22	8,34	
Emmerich	an	8,05	12,30	2,01	4,42	9,01	

B. Empel—Borken.

Emmerich	ab	5,41	7,48	10,30	1,52	5,08	6,28
Empel	ab	6,05	8,15	11,00	2,17	5,35	9,05
Vehlingen	ab	6,13	8,23	11,08	2,25	5,43	9,13
Anholt (Stadt)	ab	6,20	8,11	10,50	2,20	5,30	7,50
Isselburg-Anholt (Station)	an		8,20	11,00	2,59	5,40	8,00
Isselburg-Anholt (Station)	ab	6,20	8,30	11,17	2,35	5,52	9,22
Werth	ab	6,29	8,39	11,26	2,44	6,01	9,31
Mussum	ab	6,37	8,47	11,34	2,52	6,09	9,39
Bocholt	an	6,46	8,56	11,43	3,01	6,18	9,48
Bocholt	ab	6,52	9,49	1,59		7,34	
Tenking	ab	7,02	9,58	2,09		7,45	
Rhede	ab	7,09	10,04	2,16		7,52	
Rhedebrügge	ab	7,22	10,16	2,29		8,06	
Borken (Staatsbahnhof)	an	7,35	10,29	2,42		8,20	

III. Strecke Borken-Stadtlohn-(Vreden-)Ahaus-Burgsteinfurt.

(Westfälische Landes-Eisenbahn [Nordbahn.])

Sämmtliche Züge II. bis III. Klasse.

A. Borken—Burgsteinfurt.

Borken (Nordb.)	ab		8,00	10,42	1,25	4,40	8,30
Gemen	ab		8,04	10,46	1,30	4,44	8,34
Weseke	ab		8,15	10,57	1,48	4,55	8,45
Südlohn	ab		8,22	11,04	2,01	5,02	8,52
Stadtlohn	an		8,34	11,16	2,17	5,14	9,04
Stadtlohn	ab		9,40	11,25	2,30	6,40	9,09
Wessendorf	ab		9,45	11,29	2,34	6,45	9,13
Vreden	an		10,02	11,42	2,47	7,02	9,26
Stadtlohn	ab	6,32	8,39	11,19	2,27	5,19	
Almsick	ab	6,41	8,48	11,28	2,36	5,28	
Quantwick	ab	6,48	8,55	11,35	2,43	5,35	
Ahaus	an	6,55	9,02	11,42	2,50	5,42	
Ahaus	ab	6,56	9,13	12,04	3,00	6,10	
Ahler Kapelle	ab	7,02	9,19	12,10	3,06	6,16	
Nienborg-Heek	ab	7,11	9,28	12,19	3,15	6,25	
Metelen (Ort)	ab	7,26	9,43	12,34	3,30	6,40	
Burgsteinfurt	an	7,40	9,57	12,48	3,44	6,54	

B. Burgsteinfurt—Borken.

Burgsteinfurt	ab	8,20	10,06	1,10	5,20	7,06
Metelen (Ort)	ab	8,35	10,21	1,25	5,35	7,21
Nienborg-Heek	ab	8,50	10,36	1,40	5,50	7,36
Ahler Kapelle	ab	8,59	10,45	1,49	5,59	7,45
Ahaus	an	9,04	10,50	1,54	6,04	7,50
Ahaus	ab	9,12	10,52	1,55	6,13	8,00
Quantwick	ab	9,19	10,59	2,02	6,20	8,07
Almsick	ab	9,27	11,00	2,10	6,28	8,15
Stadtlohn	an	9,35	11,15	2,18	6,36	8,23
Vreden	ab	8,10	10,53	1,50	4,55	
Wessendorf	ab	8,28	11,07	2,08	5,09	
Stadtlohn	an	8,32	11,10	2,12	5,12	
Stadtlohn	ab	9,37	11,17	2,21	6,40	
Südlohn	ab	9,50	11,30	2,34	6,53	
Weseke	ab	9,57	11,37	2,41	7,00	
Gemen	ab	10,08	11,48	2,52	7,11	
Borken (Nordb.)	an	10,11	11,51	2,55	7,14	

Kaiserliche Personenpost Borken-Ramsdorf-Velen-Coesfeld und zurück.

Borken—Coesfeld.

Borken	ab	11,00	Morgens
Ramsdorf	ab	11,55	"
Velen	ab	12,35	"
Coesfeld	an	2,10	"

Coesfeld—Borken.

Coesfeld	ab	6,30	Abends
Velen	ab	8,15	"
Ramsdorf	ab	8,50	"
Borken	an	9,40	"

Preise der Fahrkarten von Borken W. L. E. (Nordbahnhof) nach den

Stationen:	Einfache Fahrkarten. II. Kl.	III. Kl.	Rückfahrkarten. Gültig 3 Tage. II. Kl.	III. Kl.	Sonntagskarten.*) Gültig zur Hin- u. Rückfahrt am Tage der Lösung. II. Kl.	III. Kl.
Ahaus	1,90	1,30	2,80	1,90	1,90	1,20
Ahler-Kapelle	2,00	1,40	3,00	2,00	2,00	1,40
Almsick	1,40	0,90	2,10	1,40	1,40	0,90
Burgsteinfurt	3,30	2,20	5,00	3,30	3,30	2,20
Gemen	0,15	0,10	0,25	0,20		
Metelen (Ort)	2,80	1,90	4,20	2,80	2,80	1,90
Nienborg-Heek	2,30	1,60	3,50	2,30	2,30	1,60
Stadtlohn	1,10	0,80	1,60	1,10	1,10	0,80
Südlohn	0,65	0,45	1,00	0,65	0,70	0,45
Vreden	1,70	1,10	2,50	1,70	1,70	1,10

*) Die Ausgabe der Sonntagskarten zu ermäßigten Preisen erfolgt an allen Sonn- und Feiertagen, (auch an den katholischen Feiertagen.)

Eisenbahn-Anschlüsse von Borken nach Münster u. zurück.

Borken—Münster.

Borken ab	5,12	7,58	10,42	3,08	6,19	8,39
Herv.-D. an	5,35	8,30	11,08	3,40	6,47	9,07
Herv.-D. ab	5,52	8,34	11,14	3,52	6,51	11,52
Haltern an	6,14	8,57	11,35	4,11	7,11	12,13
Haltern ab	7,29	*9,22	11,39	*4,15	7,32	12,24
Münster an	8,12	10,03	12,40	4,54	8,32	1,20

Münster—Borken.

Münster ab	*4,14	7,11	*2,39	6,06	7,00
Haltern an	5,00	8,07	3,19	7,11	7,35
Haltern ab	5,08	8,12	3,24	8,45	Nur 1—2 Kl.
Herv.-D. an	5,30	8,31	3,39	9,07	
Herv.-D. ab	5,44	8,38	3,44	9,21	
Borken an	6,11	9,07	4,11	9,52	

Eisenbahn-Anschlüsse in Hervest-Dorsten.

Hervest—Dorsten—Oberhausen—Köln.

Herv.-D. ab	5,49	8,38	11,14	3,44	6,54	9,17
Oberhaus. an	6,37	9,22	12,05	4,21	7,39	9,59
Oberhaus. ab	6,47	9,47	12,21	4,26	7,46	10,04
Düsseldorf an	7,53	10,37	1,12	4,57	8,29	10,53
Köln H. B. an	8,57	11,45	2,21	5,49	9,08	12,17

Köln—Oberhausen—Hervest—Dorsten.

Köln H. B. ab	Duisburg ab	5,38	9,00	12,44	4,27	6,28
Düsseldorf ab	4,33	6,14	9,43	1,53	5,16	7,09
Oberhaus. an	4,43	6,45	10,19		5,49	7,41
Oberhaus. ab	4,57	7,45	10,30	1,57	6,07	8,36
Herv.-D. an	5,39	8,27	11,10	2,35	6,47	9,17

Die mit einem *) bezeichneten Züge führen zwischen Münster und Haltern, der Zug ab Münster 2,39 Nachmittags an Hervest-Dorsten 3,39, zwischen Münster und Hervest-Dorsten nur 1.—3. Wagenklasse.

Herv.-Dorsten-Reken-Coesfeld-Rheine u. zurück.

Hervest-Dorsten - Rheine.

Herv.-D.	ab	5,52	8,36	11,15	2,36	6,54	9,25
Reken	ab	6,16	9,00	11,59	2,58	7,18	9,48
Coesfeld	an	6,39	9,21	12,21	3,20	7,39	10,12
Rheine	an	8,05	10,29	1,30	4,43	8,46	11,20

Rheine—Hervest-Dorsten.

Rheine	ab		6,22	9,05	1,51	4,54	7,12
Coesfeld	ab	4,47	7,37	10,22	2,55	6,00	8,26
Reken	ab	5,14	8,02	10,45	3,20	6,24	8,47
Herv.-D.	an	5,38	8,24	11,06	3,40	6,45	9,07

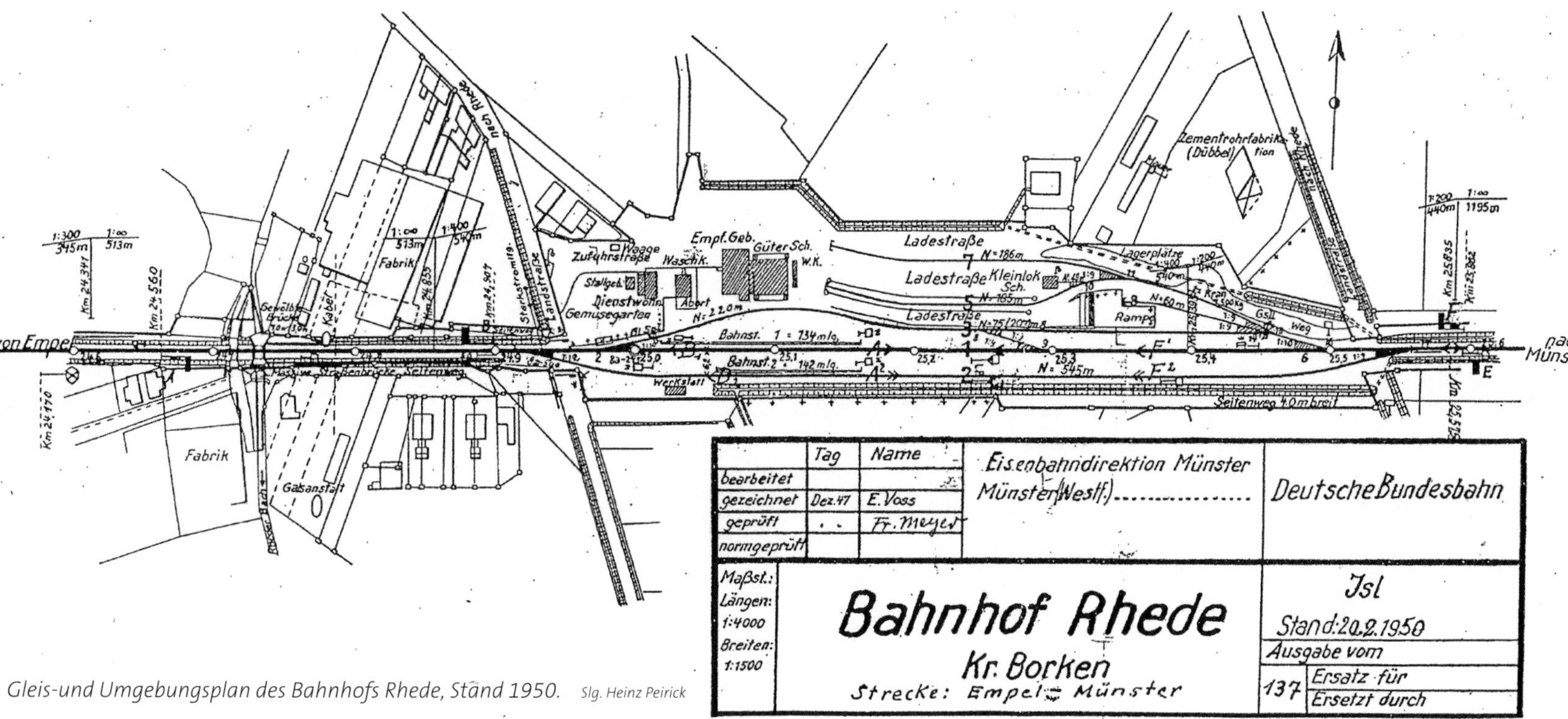

Gleis-und Umgebungsplan des Bahnhofs Rhede, Stand 1950. Slg. Heinz Peirick

In seiner Ausgabe vom 5. August 1902 berichtet das Borkener Wochenblatt über den ersten sonntäglichen Fahrtag. So wurden allein in Borken 100 Fahrkarten nach Rhedebrügge gelöst, 200 nach Rhede, sechs nach Tenking und 350 nach Bocholt. Der letzte Zug von Borken nach Bocholt sei so stark besetzt gewesen, dass die Sitzplätze nicht ausreichten und viele Passagiere während der Fahrt stehen mussten.

1903 veröffentlichte das „Borkener Wochenblatt“ die Fahrpläne der von Borken aus verkehrenden Züge. Münster war mit Umsteigen in Hervest-Dorsten in gut zwei Stunden zu erreichen. Für die Fahrt nach Amsterdam reichte einmaliges Umsteigen in Winterswijk. Veröffentlicht wurde auch der Fahrplan der „Kaiserlichen Personenpost“, die zum damaligen Zeitpunkt noch zwischen Borken und Coesfeld verkehrte. Die Fahrt über Ramsdorf und Velen dauerte insgesamt drei Stunden und 10 Minuten. Die Postkutsche fuhr morgens um 11 Uhr ab Borken und abends um 18 Uhr 30 von Coesfeld aus zurück.

Tenking (km 22,60)

Bei Haus Tenking, einem barocken Adelshaus auf halber Höhe zwischen Bocholt und Rhede, wurde ein Haltepunkt eingerichtet. Wie in Vehlingen diente auch er nur dem Personenverkehr.

Rhede (km 25,09)

Im Vergleich zu Bocholt und Borken setzte das Industriezeitalter in der Gemeinde Rhede vergleichsweise spät ein. Noch um 1886 mussten sich täglich 150 Textilarbeiterinnen und -arbeiter zu Fuß auf den 6 km langen Weg nach Bocholt machen. Erst ab 1891 entstanden in Rhede industrielle Arbeitsplätze. Innerhalb von 15 Jahren wurden drei mechanische Webereien, eine Automatenweberei und eine Blaufärberei gegründet. Hinzu kamen 1896 eine Molkereigenossenschaft. Alle Ansiedlungen erfolgten in unmittelbarer Nachbarschaft südlich des

Mit der neu errichteten Pfarrkirche oder dem großen Krankenhaus konnte das Bahnhofsgebäude in Rhede nicht ganz mithalten. Die Postkarte oben rechts animiert zum Ausflug mit der Bahn und dem Fahrrad ins Grüne. *Stadtarchiv Rhede (links), Slg. Heinz Tenk*

Ortskerns, offensichtlich in Erwartung des lang geplanten Eisenbahnanbaus. Dabei war die Lage des Bahnhofes lange umstritten. Eine Variante sah den Bau der Station an der Hohen Hardt, westlich des Dorfkerns vor. Doch letztendlich setzten sich die Industriellen mit ihren Vorstellungen durch und der Bau der Anlage erfolgte tatsächlich südlich des Ortskerns.

Das Empfangsgebäude und der Güterschuppen entstanden – wie alle bisher an dieser Strecke errichteten Gebäude – nach einheitlichem Plan. Die Fachwerkfassade des Empfangsgebäudes hatte man aber, wie später auch in Rhedebrügge, mit verzinkten Blechplatten verkleidet und dadurch zumindest etwas aufgewertet. Doch die Rheder konnten sich mit der allzu einfachen Ausstattung nicht abfinden und hätten gern ein etwas stattlicheres Gebäude gehabt, das der aufstrebenden Stadt doch viel besser zu Gesicht gestanden hätte. Ergänzt wurde die Anlage durch ein Beamtenwohnhaus, ein Abortgebäude und eine Kopf- und Seitenrampe.

Obwohl alle Industriebetriebe in unmittelbarer Umgebung des Bahnhofes angesiedelt waren, erhielt kein Werk ein Anschlussgleis. Der Güterumschlag erfolgte am Güterschuppen bzw. auf der Ladestraße, die auch mit einem Drehkran ausgestattet war. Bereits seit 1885 hatte der Rheder Fuhrunternehmer Alois Wessels Güter zwischen Rhede und dem Bahnhof in Bocholt transportiert. Mit Aufnahme des Verkehrs am 1. August 1902 wurde ihm der Rollfuhrdienst für Rhede übertragen.

Die Rheder entwickelten offensichtlich schnell ein pragmatisches Verhältnis zu ihrer Bahn. Eine Fahrkarte von Rhede nach Tenking kostete fünf Pfennig. Eine Bahnsteigkarte dagegen kostete 10 Pfennig. Und so hatten es sich die Rheder zur Angewohnheit gemacht, statt der Bahnsteigkarte eine Fahrkarte nach Tenking zu lösen. Auf den Vorwurf des Eisenbahners an der Sperre: „Sie wollten doch nach Tenking fahren“ gaben die Rheder zur Antwort: „Ett wass me te witt aff“.

Erzählt wird auch von einem Fahrdienstleiter in Rhede, der nur von kleiner Statur war. Die Fahrschüler hatten es sich zur Angewohnheit gemacht, sich morgens aus den Fenstern des Frühzuges zu lehnen und zu rufen: „Wie groß ist unser Kleiner?“ Der Eisenbahner musste, um den Abfahrtsauftrag zu erteilen, die Signalkelle heben. Dann riefen alle „Soo groß!“ Der Fahrdienstleiter soll auf eigenen Wunsch versetzt worden sein.

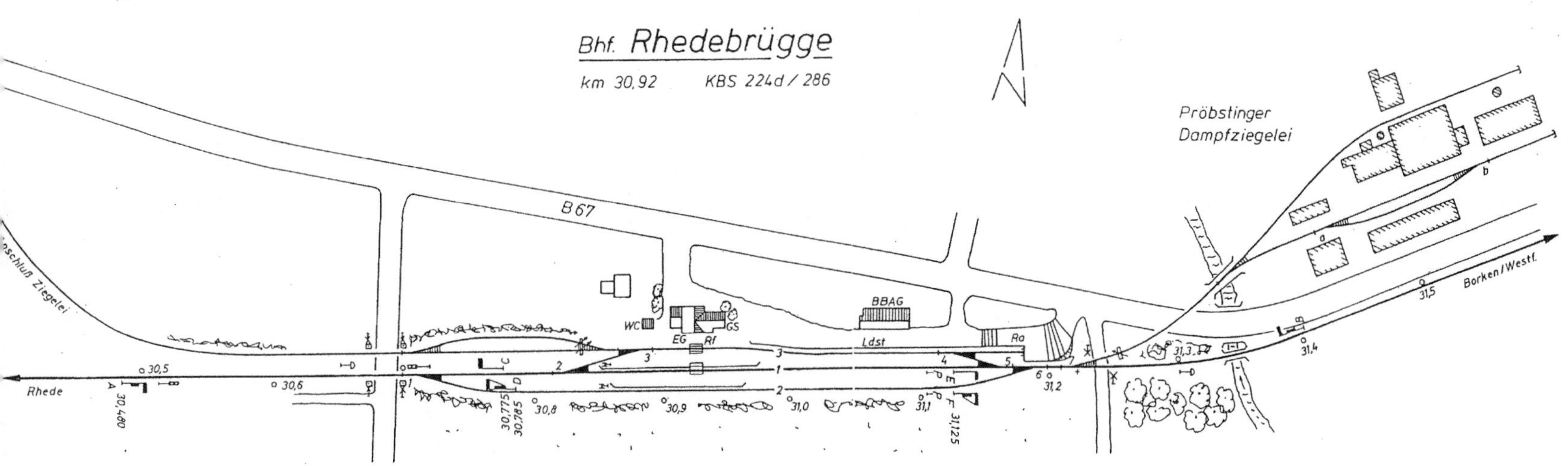

Gleis- und Lageplan des Bahnhofs Rhedebrügge, Zustand von 1966. Theo Bruland

Rhedebrügge (km 30,92)

In der Landgemeinde Rhedebrügge nahmen 1888 und 1897 Ringofenziegeleien ihren Betrieb auf. 1892 war zudem die Bäuerliche Bezugs- und Absatzgenossenschaft gegründet worden. Die kleine Station Rhedebrügge erhielt nur die einfachste Ausstattung mit kleinem Empfangsgebäude, Beamtenwohnhaus, Abortgebäude, Rampe und Ladestraße. Die Ziegeleien bekamen eigene Anschlussgleise.

Borken (km 36,87)

Die Industrialisierung in Borken verlief rasant: 1867 nahm die mechanische Weberei J. Grüter die Produktion auf, 1871 folgten die Weberei Gebr. Büning, 1885 die Webereien Wülfing und Ebbing, 1895 die Weberei Bierbaum & Lünenberg und 1897 die Leinenweberei Leifels. Hinzu kamen 1886 die Mühle Wilhelm Kolks und 1898 die Central-Molkerei. Die Borkener Bevölkerung wuchs zwischen 1871 und 1910 um 70 % auf 5210 Einwohner.

Mit dem Bau der Strecke von Gelsenkirchen-Bismarck nach Winterswijk durch die Niederländisch-Westfälische Eisenbahn und deren Eröffnung am 14. Juni 1880 hatte auch die Stadt Borken Anschluss an das Eisenbahnnetz erhalten. Der Bahnhof wurde am östlichen Stadtrand angelegt. Neben dem Empfangsgebäude mit Diensträumen für die Eisenbahner und die hier stationierten Zollbeamten gab es einen Zoll- und Güterschuppen.

Mit der Inbetriebnahme der Strecke Bocholt – Borken am 1. August 1902 und der Strecke der Westfälischen Landeseisenbahn von Borken nach Burgsteinfurt mit Abzweig von Stadtlohn nach Vreden am 1. Oktober 1902 entwickelte sich Borken vom reinen Durchgangsbahnhof zum Kreuzungsbahnhof mit Reisemöglichkeiten in gleich fünf Richtungen.

Um das erwartete Verkehrsaufkommen sowohl im Personen- als auch im Güterverkehr bewältigen zu können, musste der Bahnhof Borken vor der Eröffnung der neuen Strecken und auch in den folgenden Jahren mehrfach umgebaut und erweitert werden. Die vorhandenen acht Gleise wurden bis auf 800 m verlängert, weitere 13 Gleise neu gebaut. Die Hauptgleise 1-4 dienten dem Personenverkehr, die Gleise

5-10 dem Güterverkehr. Die übrigen Gleise führten zum Güterschuppen, zur Ladestraße, zur Drehscheibe und zum Bahnhof der WLE.

Drei Stellwerke regelten den Verkehr: „Ot“ („Ostturm“, Posten 23 an der Dülmener Straße), ein Wärterstellwerk, das die Rangierfahrten und die Zugfahrten Richtung Marbeck-Heiden und später Richtung Ramsdorf sicherte, „Wt“ („Westturm“, Posten 25 an der Gemener Straße), von dem aus der Fahrdienstleiter den Zugverkehr auf den Strecken von und nach Rhedebrügge, Burlo und Marbeck-Heiden und Ramsdorf befehligte, und im Bahnhof das Rangierstellwerk „Rt“ (Rangierturm“, Posten 24), von dem aus der Rangierbetrieb im Bereich des Güterbahnhofes und der Ladestraße gesichert wurde.

Hinzu kamen ein Ablaufberg, eine Drehscheibe zum Wenden der Lokomotiven und 1905 auch ein Wasserturm

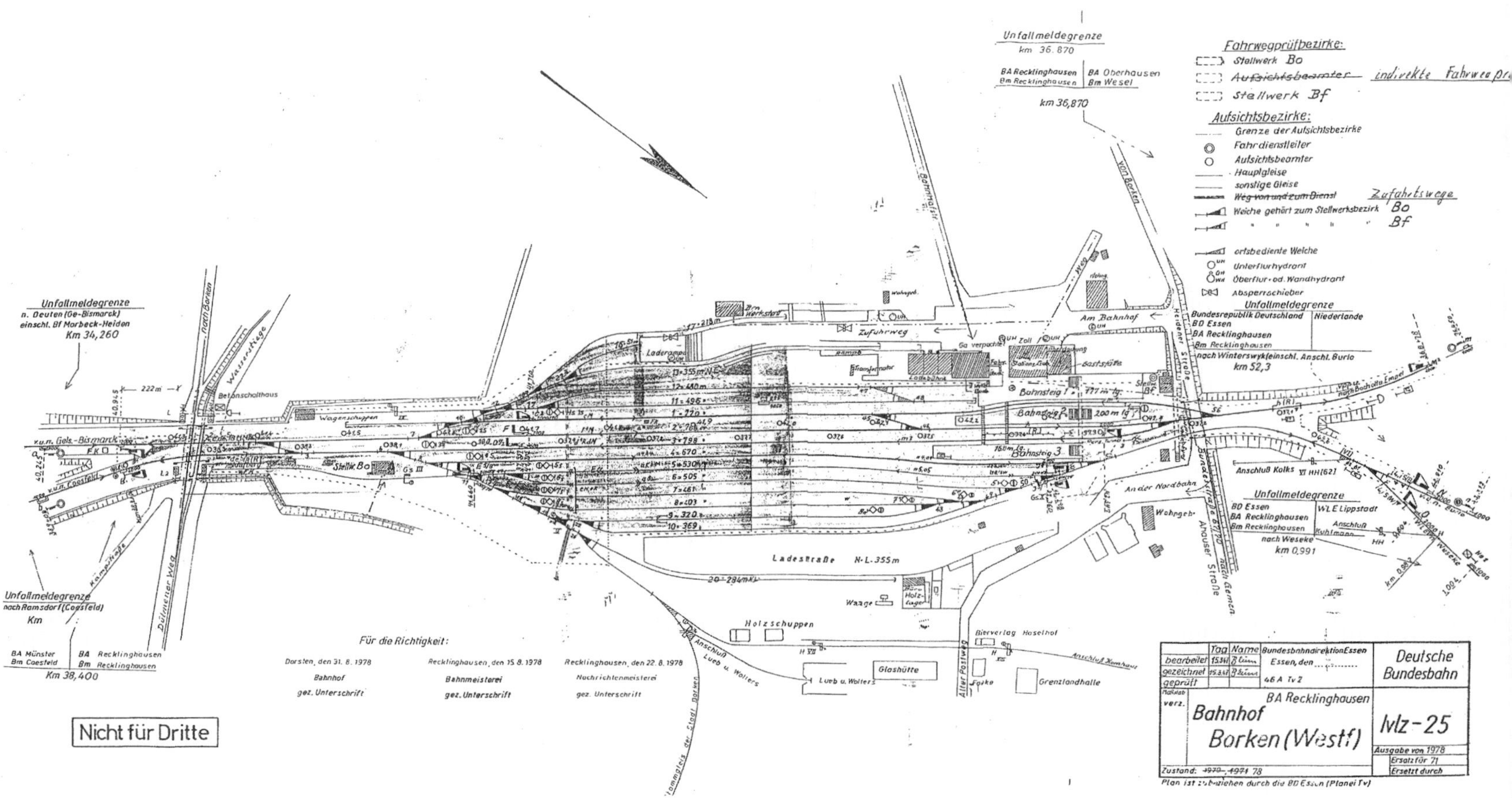

Gleisplan der Deutschen Bundesbahn von Borken, Stand 1978. Wie Bocholt verfügte auch Borken über zwei Inselbahnsteige.

in Stahlfachwerkbauweise mit einem Fassungsvermögen von 100 m³. Das Empfangsgebäude wurde umgebaut und erweitert. Es gab einen Hausbahnsteig und zwei Mittelbahnsteige, die man durch einen Personentunnel erreichen konnte. Da „das Reisepublikum den Unbilden der Witterung ausgesetzt" war, setzte sich die Borkener Stadtverordnetenversammlung 1904 bei der Königlichen Eisenbahndirektion in Essen für die Überdachung der Bahnsteige ein, die dann auch tatsächlich kurz darauf erfolgte. In unmittelbarer Bahnhofnähe wurde zudem ein Wohnhaus für Eisenbahner errichtet.

Für die Strecke der WLE, die sog. „Westfälischen Nordbahn", wurde ein eigener Bahnhof gegenüber dem Empfangsgebäude der Staatsbahn gebaut. Ergänzt wurde die Anlage des „Nordbahnhofes" durch ein separates Empfangsgebäude, einen Güterschuppen, einen Wasserkran, eine Kohlenbühne sowie eine Ladestraße. Eine Gleisverbindung zum Personenbahnhof der K.P.E.V. war nicht geplant.

Borken hatte sich so innerhalb kürzester Zeit nicht nur zum Kreuzungsbahnhof sondern auch zu einer Stadt mit gleich zwei Bahnhöfen entwickelt.

Eine preußische T 7 pausiert mit einem Bauzug vor dem alten Wasserturm in Borken (oben).

Bild links: Hochbetrieb im Bahnhof Borken um 1904.

Stadtarchiv Borken/ Slg. Hans Brunzel (2)

Zur Einfädelung der neuen Strecke waren südlich von Coesfeld umfangreiche Erdbewegungen erforderlich. Die Aufnahme aus dem Jahre 1903 zeigt die leitenden Herren (wie immer im Vordergrund) und fast 90 Arbeiter. Zwei Eisenbahner mit Signalhorn und Fahne (und Holzschuhen!) sichern die Baustelle.

Slg. Fam. Hellenkamp/Heinz Peirick (re.); Zeichnung: Theo Bruland

Dritter Bauabschnitt Borken – Coesfeld

Der Grunderwerb für den Abschnitt Borken – Coesfeld war bereits im Jahre 1901 erfolgt. Unmittelbar nach Eröffnung der Strecke Bocholt – Borken wurden die Bauarbeiten in Richtung Coesfeld aufgenommen.

Die Strecke verließ den Bahnhof Borken parallel zur Strecke nach Dorsten in südlicher Richtung und schwenkte nach Überqueren des Bahnüberganges an der Dülmener Straße in einer langgezogenen Kurve nach links ab und nahm Kurs auf Ramsdorf und Velen. Um Gescher anzuschließen, wurde von der direkten Linienführung nach Coesfeld erheblich abgewichen und ein großer Bogen in nördlicher Richtung geschlagen. Von Gescher aus bog die Strecke wieder in südöstliche Richtung ab und nahm Kurs auf Klye. Von Klye kommend musste die Strecke zunächst südlich von Coesfeld mittels eines hohen Dammes und eines Brückenbauwerks die Strecke der Rheinischen Eisenbahn überqueren und dann kurz darauf die Strecke der Dortmund-Gronau-Enscheder Eisenbahn unterqueren.

Die Empfangsgebäude auf diesem Streckenabschnitt wurden jetzt in massivem Mauerwerk ausgeführt. Lediglich die Güterschuppen waren Fachwerkbauten.

Die landespolizeiliche Abnahme der Strecke erfolgte am 27. September 1904, die Eröffnung am 1. Oktober 1904. Der Fahrplan vom 1. Mai 1906 führte auf der Gesamtstrecke fünf Zugpaare auf, die bis auf den Spätzug von Coesfeld nach Bocholt (ab Coesfeld um 8.08 Uhr abends, an Bocholt um 9.49 Uhr abends) von bzw. bis Empel verkehrten. Auf der Gesamtstrecke waren zusätzlich vormittags zwei Zugpaare zwischen Bocholt und Borken unterwegs und jeweils ein Zug am frühen Morgen und am späten Abend zwischen Empel und Bocholt. Die Fahrtzeit auf der Gesamtstrecke von Empel nach Coesfeld betrug zwischen zwei und drei Stunden mit jeweils ca. zehnminütigen Aufenthalten in Bocholt und Borken, die Fahrzeit auf der 32 km langen Strecke von Borken nach Coesfeld allein eine Stunde.

Ramsdorf (km 44,25)

Auch im Dorf Ramsdorf hatte im 19. Jahrhundert die Industrialisierung Einzug gehalten, jedoch in sehr bescheidenem Maße. 1874 wurde die Weberei Lühl gegründet, 1896 eine Molkereigenossenschaft. Erst mit dem Bahnanschluss eröff-

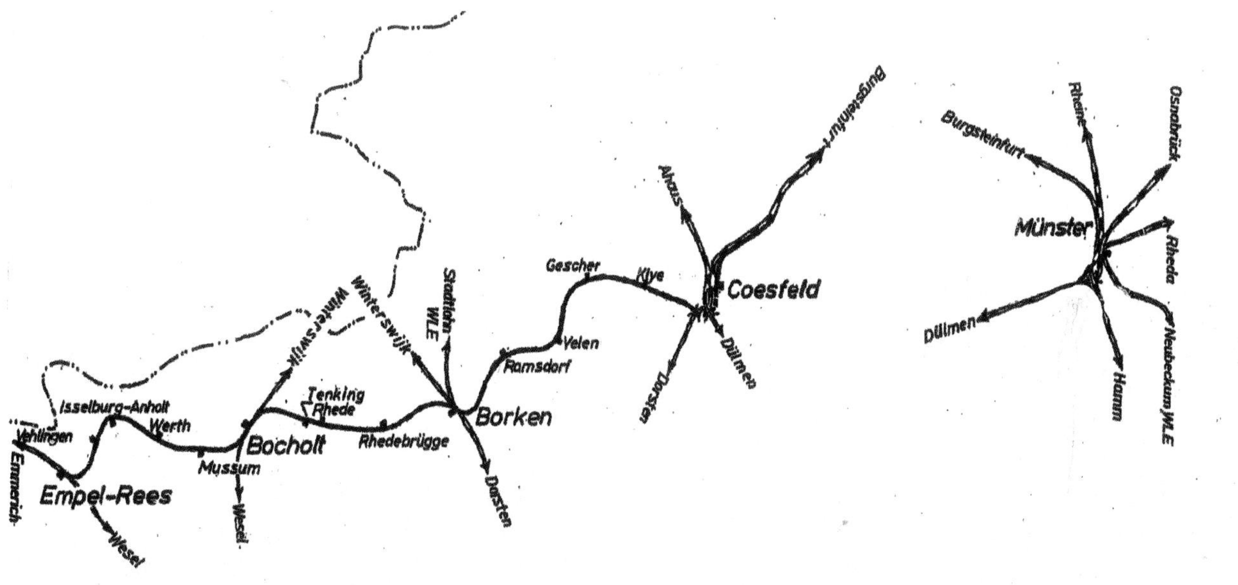

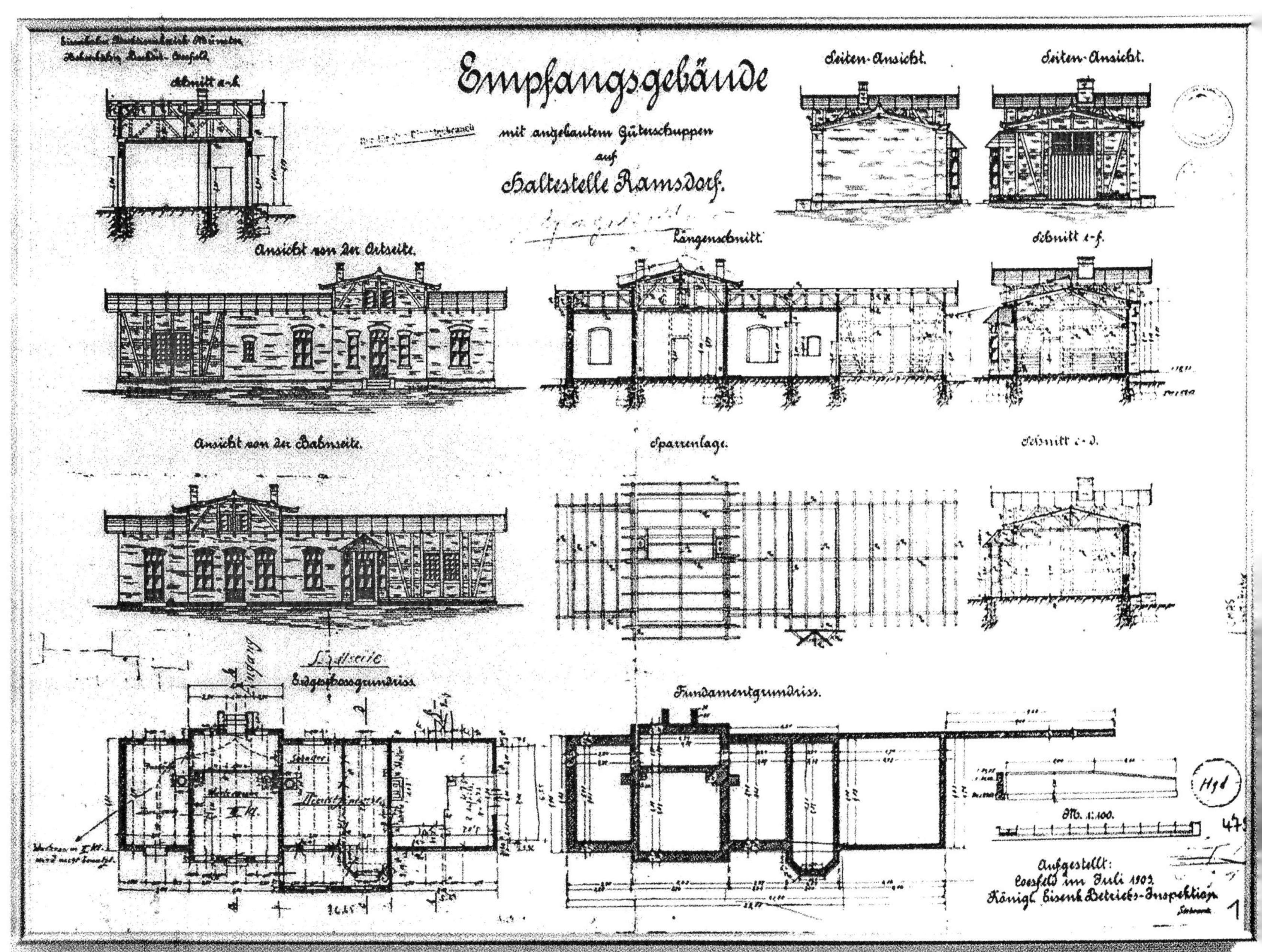

Das „Empfangsgebäude“ (der Begriff klingt angesichts des bescheidenen Bauwerks etwas zu vornehm) von Ramsdorf mit angebautem Güterschuppen.

Slg. Udo Thebing-Barrier

neten sich neue Perspektiven sowohl für die bereits produzierenden Betriebe als auch für die Menschen, die, bei nach wie vor angespannter Arbeitsmarktlage, jetzt im nördlichen Ruhrgebiet Arbeit finden konnten.

Die Freude über den Bahnanschluss fand schon im Rahmen der landespolizeilichen Abnahme der Strecke am 27. September 1904 Ausdruck. Da an diesem Tag in Ramsdorf Kirmes gefeiert wurde, nahm das Schützenbataillon mit Musik auf dem neuen Bahnhof Aufstellung und empfing die Kommission mit allen Ehren.

Trotz langer Anfahrtswege nahmen überdurchschnittlich viele Ramsdorfer Arbeit im Bergbau an. Mit dem Zug fuhren sie zu den Zechen Baldur und Fürst Leopold in Hervest-Dorsten oder Graf Moltke I/II in Gladbeck.

Das noch neue Bahnhofsgebäude in Ramsdorf als Postkartenmotiv.

Slg. Heinz Tenk

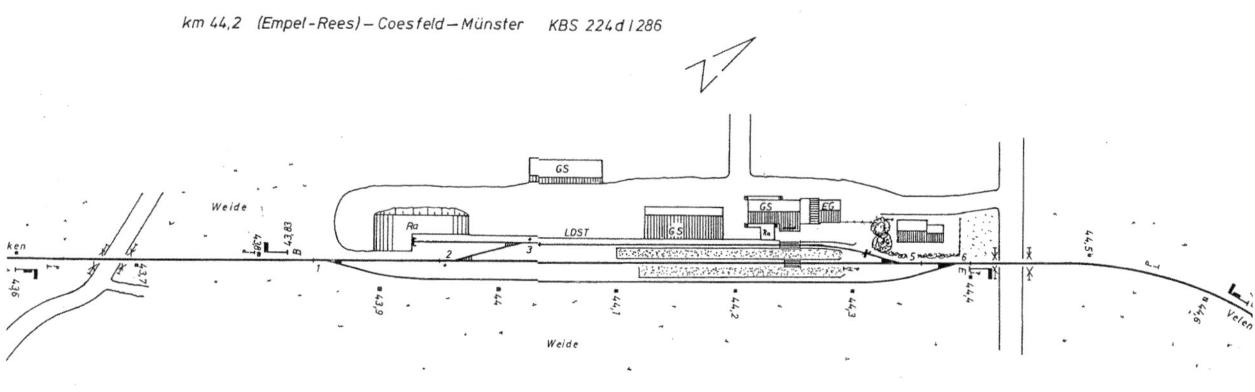

Gleis- und Lageplan des Bahnhofs Ramsdorf, Zustand von 1974.

Theo Bruland

Velen (km 48,90)

Über Jahrhunderte war im Velener Hochmoor Torf als Brennmaterial gewonnen worden. Mit dem Anschluss des Dorfes an die Eisenbahn war jetzt ein industrieller Abbau der riesigen Torfvorkommen möglich. Im Jahre 1906 beauftragte Graf von Landsberg zu Velen und Gemen den Dortmunder Torfgroßhändler G. Klasmann mit der Errichtung einer Torfstreufabrik im Venn. Eine Anschlussbahn war von Anfang an geplant. Zunächst sollte sie vom Bahnhof Klye aus ins Moor führen. Schließlich entschied man sich aber für Velen als Ausgangspunkt.

Parallel zur Strecke nach Gescher verließ die Anschlussbahn den Bahnhof Velen in östliche Richtung, um dann in

Mit einer Feldbahn gelangte der Torf aus dem Moor in die Torfstreufabrik. Das Bild links zeigt einen Zug mit sechs vollbeladenen Waggons und einem Begl wagen unterwegs zum Bahnhof Velen.

Slg. Heinz Ten

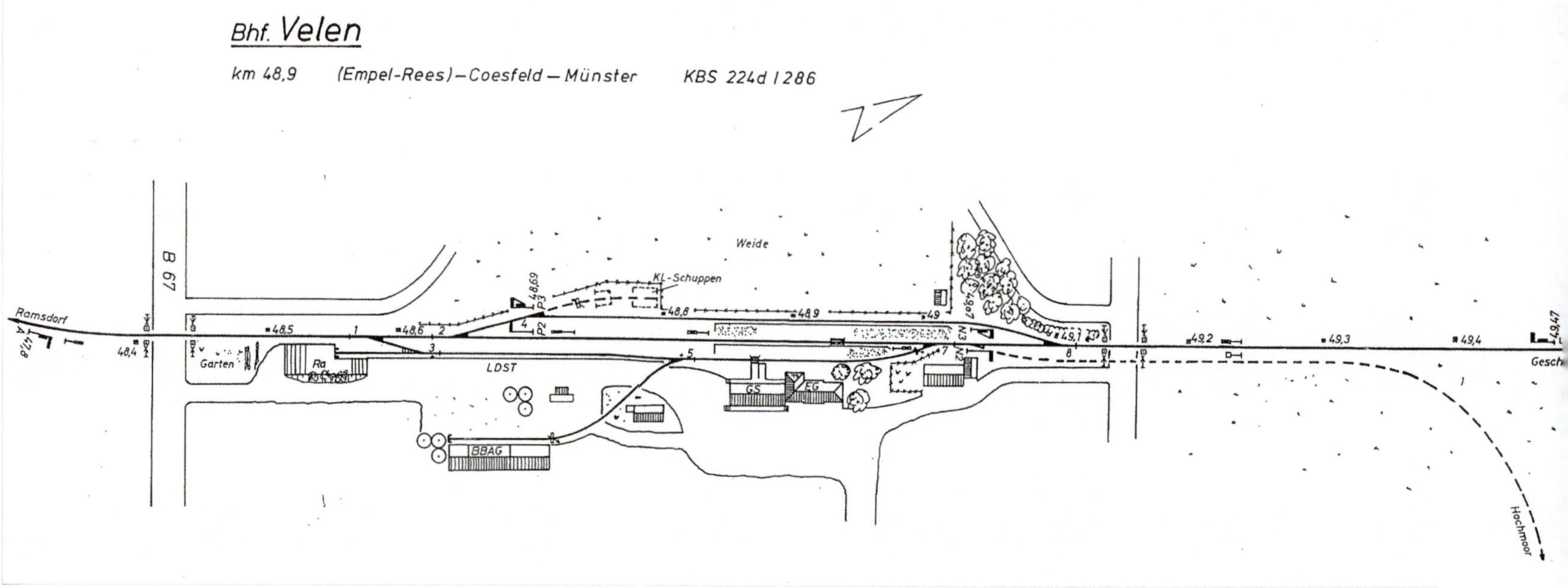

Bhf. Velen

km 48,9 (Empel-Rees)–Coesfeld–Münster KBS 224d I 286

Ramsdorf
B 67
Garten
Ra
LDST
BBAG
GS
FG
KL-Schuppen
Weide
Gesch
Hochmoor

Gleis- und Lageplan des Bahnhofs Velen, Zustand von 1974.

Theo Bruland

einem großen Bogen nach Süden abzuzweigen. Die insgesamt 4,5 km lange Strecke wies 11 Kurven mit einem Radius von 140 Metern auf. Insgesamt wurden fünf Weichen verlegt. Die Höchstgeschwindigkeit wurde auf 15 km/h beschränkt. Die Fahrzeit betrug etwa 25 Minuten.

Die landespolizeiliche Prüfung erfolgte am 14. Mai 1907. In einem Schreiben vom 12. August 1911 unterrichtet die „Gräflich von Landsbergsche Torfstreufabrik" den Amtmann in Velen, dass das Königliche Eisenbahn-Betriebsamt in Coesfeld auch die Beförderung von Arbeitern auf der Bahn genehmigt hatte. Demnach verkehrten insgesamt zwei Zugpaare, die Velen um 5.25 Uhr (vom 15. März bis 15. Oktober erst um 6.45 Uhr) und um 10 Uhr verließen und nachmittags ab Fabrik um 4 Uhr und um 6.15 Uhr verkehrten. Die Fabrikleitung bat darum, „die Publikation unseres Fahrplanes morgen schon nach dem Hochamte gütigst veranlassen zu wollen". 1909 wurden 1100 Waggons Torfballen verladen, 1910 1600 und 1911 bereits 2400.

Das Empfangsgebäude in Velen war bereits komplett in massiver Bauweise erstellt worden, der Güterschuppen in Ziegel-Fachwerk. Stadtarchiv Borken/Slg. Hans Brunzel

Gescher (km 55,10)

Die Industrialisierung hatte hier bereits 1863 mit dem Bau der Weberei H. u. J. Huesker & Co begonnen. An 150 Webstühlen wurde Baumwollgarn, das man zunächst aus England bezog, zu Stoffen verarbeitet. 1867 wurde bereits auf 200 Webstühlen produziert. Die Lage der Firma am nördlichen Ortsrand von Gescher erwies sich beim Bau der Eisenbahn als Nachteil. Auch eine angebotene finanzielle Beteiligung der Firma Huesker in Höhe von 10.000 Mark konnte die Planer nicht dazu bewegen, die Strecke nördlich um Gescher herumzuführen. So kam die Station südlich des Ortes gelegen. Den doch recht langen Weg vom Ortskern zum Bahnhof haben viele Gescheraner wohl nicht immer richtig eingeschätzt. Schnell erhielt die Verbindung deshalb die Bezeichnung „Rennpättken".

Neben dem Empfangsgebäude mit Bahnhofsgaststätte, dem Güterschuppen und dem Beamtenwohnhaus für den Bahnhofsvorsteher und den Bahnmeister entstand auch ein Gebäude für die hier ansässige Bahnmeisterei.

Die Verladung von Glocken war immer ein besonderes Ereignis, das wiederholt fotografisch festgehalten wurde. Diese sechs Glocken waren für eine Kirche in Schlesien bestimmt. Stadtarchiv Gescher

Entwurfszeichnung für die 1909 erfolgte Aufstockung des Bahnhofsgebäudes Gescher.

Slg. Heinz Peirick

Der Bahnbau beförderte die Ansiedlung weiterer Betriebe. Die Firma Huesker erweiterte ihre Fabrik um eine Spinnerei und errichtete dazu von 1905-1909 ein großes mehrstöckiges Gebäude. Bereits 1913 sorgten 613 Mitarbeiter für den Betrieb von 30 000 Spindeln und 1172 Webstühlen. Die Dampfmaschine der Fabrik versorgte zudem von 1899 bis 1926 Gescher mit Strom. 1905 nahm die Firma Eckrodt & Co die Textilproduktion auf. Weitere Betriebe folgten nach dem Ersten Weltkrieg.

Neben den obligatorischen Kohlen-, Baumwolle- und Düngertransporten, dem Versand von Erzeugnissen der Textilindustrie, von Milch, Vieh und Holz konnte der Bahnhof Gescher noch mit einem besonderen Transportgut aufwarten. Bereits seit 1788 lebte und arbeitete die Glockengießerfamilie Alexius Petit in Gescher. Mussten die größeren Glocken ursprünglich wegen der Wegeverhältnisse und fehlender Transportmittel am Auftragsort gegossen werden, bot die Eisenbahn endlich die Möglichkeit, vor Ort in Gescher zu produzieren und mit der Bahn in alle Welt zu liefern. Ein handbetriebener Drehkran an der Ladestraße ermöglichte die Verladung der Glocken vom Fuhrwerk auf die Waggons.

Das Empfangsgebäude des Bahnhofes wurde übrigens schon 1909 um eine Etage aufgestockt und bot somit weiteren Wohnraum.

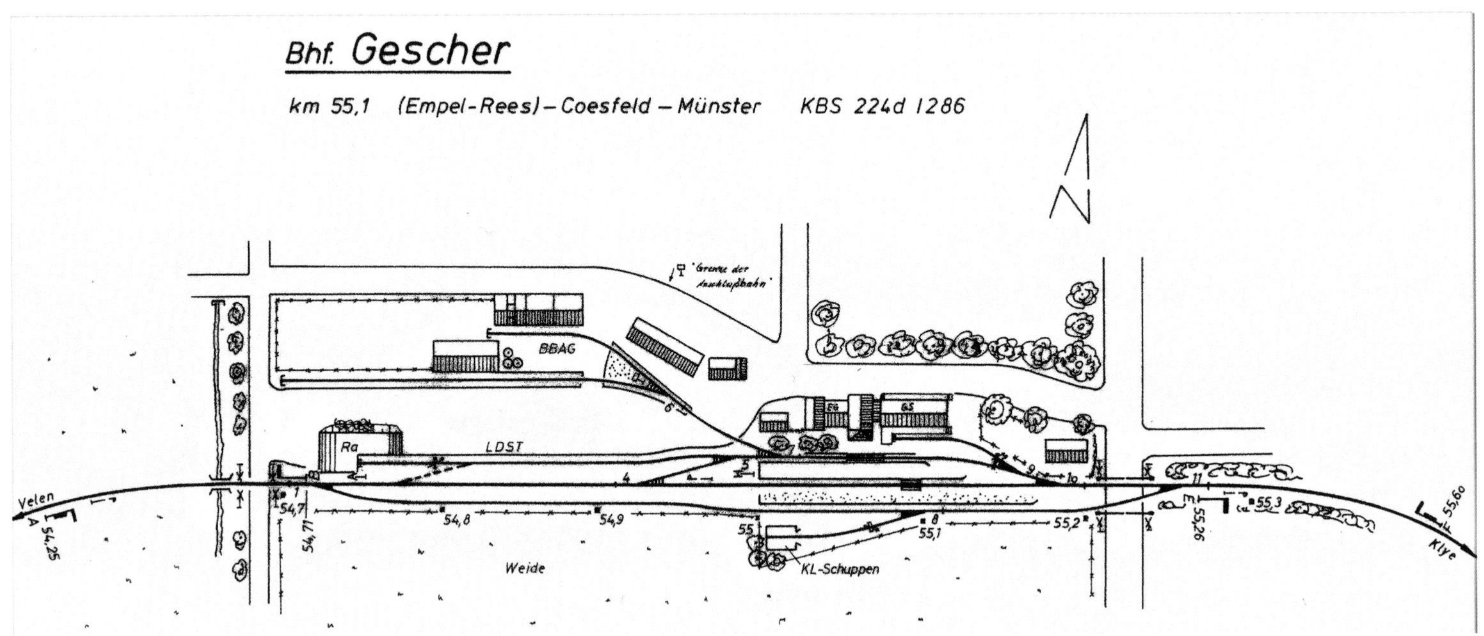

Gleis- und Lageplan des Bahnhofs Gescher, Zustand von 1974.

Theo Bruland

Fein gekleidete Reisende warten in Gescher auf ihren Zug; rechts im Bildhintergrund das Beamtenwohnhaus. Stadtarchiv Gescher

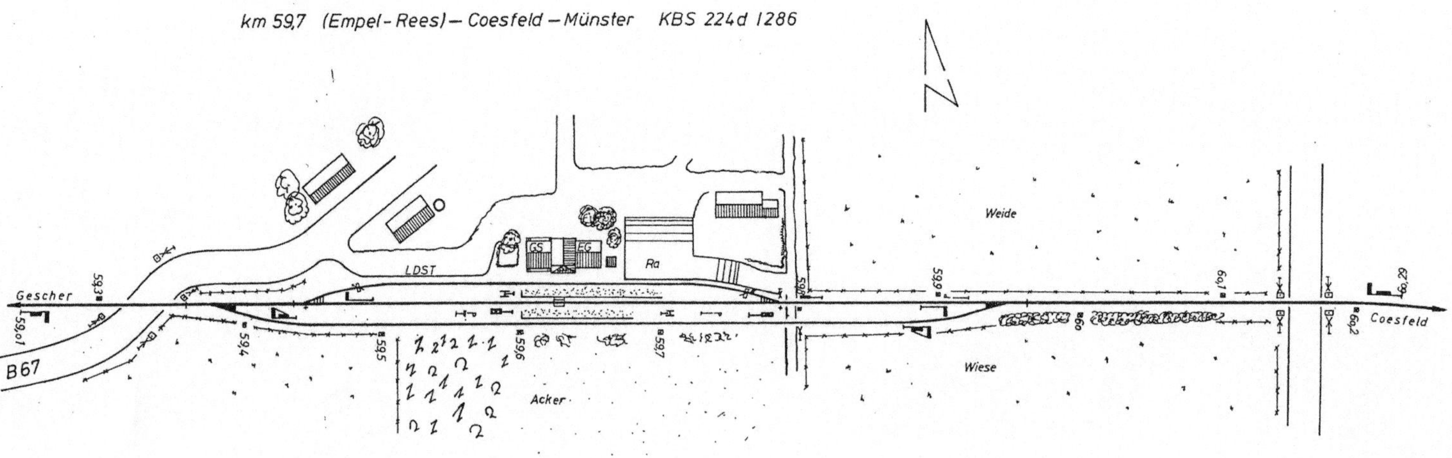

Gleis- und Lageplan des Bahnhofs Klye, Zustand von 1974. Theo Bruland

Klye (km 59,65)

Zwischen Gescher und Coesfeld lag die Station Klye. Auf fast freiem Feld gelegen ermöglichte der Bahnhof Zugkreuzungen und Zugüberholungen. Mehrmals jährlich fanden in Klye Viehmärkte und auch Pferderennen statt. An der großen Kopf- und Seitenrampe konnten bis zu 10 Waggons gleichzeitig be- und entladen werden.

Coesfeld (km 68,90)

Coesfeld hatte mit Eröffnung der Strecke Dortmund – Gronau – Enschede am 1. August 1875 Anschluss an das Eisenbahnnetz erhalten. Mit Inbetriebnahme der Strecke Oberhausen – Quakenbrück der Rheinischen Eisenbahngesellschaft am 1. Juli 1879 wurde die Station zum Eisenbahnkontenpunkt. Beide Privatbahnen nutzten gemeinsam ein Empfangsgebäude in Insellage. Die Verstaatlichung der Rheinischen Eisenbahn erfolgte bereits 1880, die der Dortmund-Enscheder Eisenbahn erst 1903.

Der Bau der dritten Strecke, von Empel nach Münster, erforderte, wie bereits zuvor in Bocholt und Borken, umfangreiche Aus- und Umbauarbeiten.

Der Bahnhof Coesfeld wurde bis 1914 komplett umgestaltet. Stadtnah wurde ein neues Empfangsgebäude gebaut. Es verfügte über eine große Eingangshalle mit zwei Fahrkartenschaltern, ein „Fürstenzimmer", einen Wartesaal 2. Klasse und einen Wartesaal 3. und 4. Klasse. Hinzu kamen die Gepäckaufbewahrung, ein Raum für den Bahnhofsvorsteher und weitere Diensträume. Der Personenbahnhof erhielt drei Inselbahnsteige, die durch einen Personentunnel miteinander verbunden wurden. Ein zweiter Tunnel mit Aufzügen diente der Gepäckabfertigung und dem Postdienst. Die Züge nach Empel und Münster verkehrten vom Bahnsteig 1, die Züge nach Oberhausen und Quakenbrück vom Bahnsteig 2 und die Züge nach Dortmund und Enschede vom Bahnsteig 3.

Südlich des neuen Personenbahnhofes entstanden die Güterabfertigung mit Güterschuppen, ein großer Güterbahnhof mit Kopf- und Seitenrampe, Ablaufberg, Bahnbetriebswerk mit sechzehnständigem Ringlokschuppen, 20 m-Drehschei-

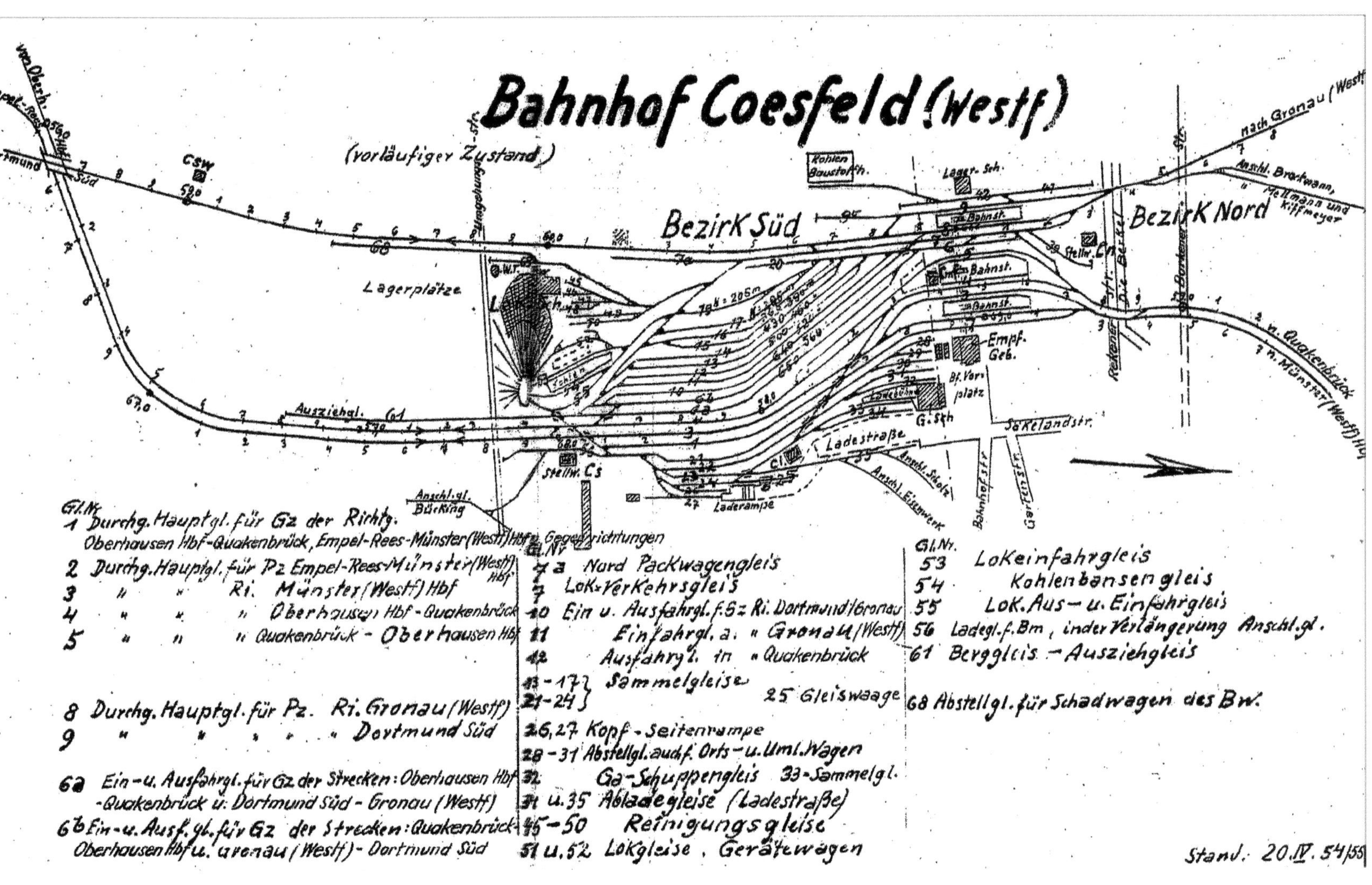

Gleisplan des Bahnhofs Coesfeld, Zustand 1954/55. Gut zu erkennen ist die betriebliche Gliederung, die sich noch aus den ersten Strecken ergibt: der Dortmund-Gronau-Enscheder Eisenbahn oben (im Westen) und der von der Rheinischen Eisenbahngesellschaft erbauten und vor allem für den Kohletransport zum Marinestützpunkt gedachten Fernstrecke Duisburg – Oberhausen – Coesfeld – Rheine – Quakenbrück (– Wilhelmshaven) auf der Ostseite. Neben letztere wurde hier die Nebenbahn Empel – Coesfeld – Münster gelegt.

Viele Coesfelder Handwerksfirmen waren mit ihren Mitarbeitern am Neubau des Bahnhofsgebäudes beteiligt.

Slg. P. Dr. Daniel Hörnemann (2)

Vom ersten Bahnsteig fällt der Blick auf die Gleisseite des neuen Coesfelder Empfangsgebäudes. Von hier aus verkehrten die Züge in Richtung Empel und Münster.

be, Lokbehandlungsanlagen und Wasserturm sowie Gebäude für die in Coesfeld beheimateten vier Bahnmeistereien. Allein der Rangierbahnhof verfügte über 25 Gleise und 100 Weichen. Vier Stellwerke regelten den Zug- und Rangierbetrieb.

Die Gebäude wurden überwiegend von den Arbeitern der Coesfelder Baufirmen und Handwerksbetriebe Steiberg, Weining, Lüning, Athmer und Letterhaus errichtet.

Laut einer Statistik der Textilindustrie im Kreis Coesfeld aus dem Jahre 1907 gab es in Coesfeld vier Baumwollwebereien und eine Leinen- und Halbleinenweberei mit 1119 Arbeiterinnen und Arbeitern an 1840 Webstühlen. Hinzu kamen Betriebe u.a. im Maschinenbau und in der Möbelherstellung.

Die Einwohnerzahl Coesfelds hatte sich von 3532 in 1871 auf 9769 in 1905 mehr als verdoppelt.

Coesfeld entwickelte sich auch zur Eisenbahnerstadt. Im Jahre 1912 arbeiteten bereits 168 Einwohner bei der Bahn!

Vierter bis sechster Bauabschnitt Coesfeld – Münster

Planerisch und auch bautechnisch waren die bisher fertiggestellten Abschnitte von Empel bis Coesfeld nicht besonders anspruchsvoll gewesen. Relativ schnell waren sich alle Beteiligten über die Linienführung einig gewesen. Bis auf einige kleinere und größere Brücken sowie den Damm über die Rheinische Eisenbahn und die Unterführung unter die Dortmund-Gronau-Enscheder Eisenbahn vor Coesfeld verlief die Strecke weitgehend durch flaches Land.

Die Planung und der Bau des letzten Abschnittes von Coesfeld nach Münster gestalteten sich dagegen wesentlich komplizierter und verzögerten die Fertigstellung um viele Jahre. Für die Linienführung wurden insgesamt drei Varianten ins Spiel gebracht.

Der erste Entwurf sah eine Linienführung von Coesfeld über Lutum und Billerbeck nach Havixbeck vor. Von dort aus sollte die Strecke in den Norden Münsters geführt und bei Nevinghoff parallel zur Strecke Münster – Enschede bzw. Münster – Rheine in den Hauptbahnhof geführt werden. Die Gesamtlänge dieser Strecke hätte 44,7 km betragen.

Während sich Havixbeck seines Bahnanschlusses schon sicher wähnte, forderte Anfang 1898 plötzlich Nottuln einen solchen für sich. Vorgeschlagen wurde eine Linienführung von Billerbeck auf Stevern bei Nottuln zu, an Schapdetten vorbei in Richtung Albachten und dann dort einmündend in die Strecke Wanne-Eickel – Münster.

Daraufhin versammelten sich auf Initiative der Stadt Billerbeck am 2. Januar 1898 Vertreter aus Billerbeck, Beerlage, Havixbeck, Hohenholte und Roxel in Havixbeck und forderten einhellig, an der ursprünglichen Streckenplanung festzuhalten. Die zum Amt Billerbeck gehörenden Gemeinden (Stadt Billerbeck, Kirchspiel Billerbeck und Gemeinde Beerlage) erklärten sich am 1. März 1898 bereit, sich mit 80.000 Mark am Bahnbau zu beteiligen, Auch der Kreistag in Coesfeld sprach sich drei Monate später für die Linienführung über Billerbeck und Havixbeck aus.

Die Gemeinde Nottuln legte noch einmal nach und unterbreitete einen Kompromissvorschlag. Demnach sollte die Bahn südlich an Billerbeck vorbeiführen und dann über Nottuln und die Havixbecker Bauerschaft Tilbeck Richtung Roxel und Münster gebaut werden. Doch dieser Plan wurde nicht mehr weiterverfolgt.

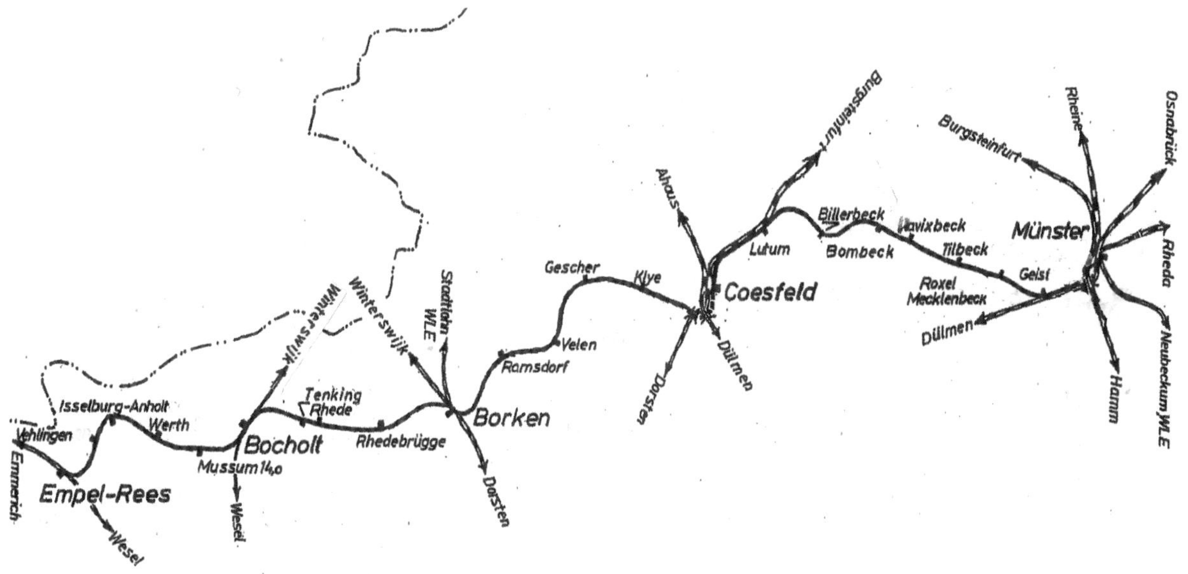

Die Überwindung der Baumberge erwies sich als große Herausforderung. Harte Winter, schlechtes Wetter und Hangrutsche verzögerten die Fertigstellung immer wieder. Hohe Dämme mussten aufgeschüttet und tiefe Einschnitte gegraben werden, der Bau mehrerer Brücken und Durchlässe war erforderlich.

LWL Industriemuseum Dortmund (links), Billerbecker Anzeiger

Anton Mesters, Jahrgang 1895, bestand 1920 die Prüfung zum Schrankenwärter und erhielt 1927 die Anstellung zum Schrankenwärter auf Lebenszeit. Hier verrichtet er seinen Dienst auf Posten 35 in Gaupel.

Slg. P. Dr. Daniel Hörnemann

Schließlich wurde im Herbst 1899 die endgültige Linienführung festgelegt und zwar von Billerbeck über Bombeck, Poppenbeck, Lasbeck, Masbeck, Tilbeck, Havixbeck, Roxel und Mecklenbeck bis Münster.

Ihre Länge betrug 41,7 km, also genau 3 km weniger als beim ersten Entwurf.

Die ausführlichen Vorarbeiten für den Streckenabschnitt Coesfeld – Münster begannen am 28. März 1900. Die landespolizeiliche Prüfung erfolgte am 22., 23. und 26. Oktober 1900.

Während Billerbeck seinen Zuschuss zum Bahnbau 1901 auf 100 000 Mark erhöhte, erklärte Münster sich auf einmal mit der Linienführung nicht mehr einverstanden und verweigerte den Zuschuss. Münster war immer noch davon ausgegangen, dass die Nebenbahn bei ausreichender Auslastung doch noch in eine Hauptbahn umgewandelt werden könnte. Die vielen Kurven und Steigungen zwischen Billerbeck und Havixbeck hätten die Umwandlung aber nicht erlaubt. Erst im Februar 1904 stimmte der Stadtrat von Münster der Linienführung zu und machte somit den Weg frei für die Bauarbeiten, die im Herbst 1905 begannen und an mehreren Stellen gleichzeitig in Angriff genommen wurden.

Der Billerbecker Anzeiger informierte seine Leserinnen und Leser regelmäßig über den Fortschritt bei den Bauarbeiten. Den Artikeln ist z.B. zu entnehmen, dass im Oktober 1905 auf dem Abschnitt Coesfeld – Billerbeck drei Kantinen für die Verpflegung der Arbeiter gebaut wurden. Im November des gleichen Jahres trafen drei schmalspurige Dampfloks auf der Baustelle ein, die auf provisorisch verlegten Gleisen den Erd- und Materialtransport übernahmen. Der Bau der Strecke war ursprünglich mit 3,34 Millionen Mark veranschlagt worden. Schon bei Baubeginn war klar, dass dieser Betrag um mindestens 1,3 Millionen Mark überschritten würde.

Der Abschnitt von Havixbeck über Roxel und Mecklenbeck bis Münster konnte zuerst fertiggestellt werden. Von Havixbeck aus verlief die Strecke teilweise schnurgerade auf Roxel zu und von hier ohne topographische Hindernisse weiter nach Mecklenbeck. Hier konnten die Gleise parallel zur

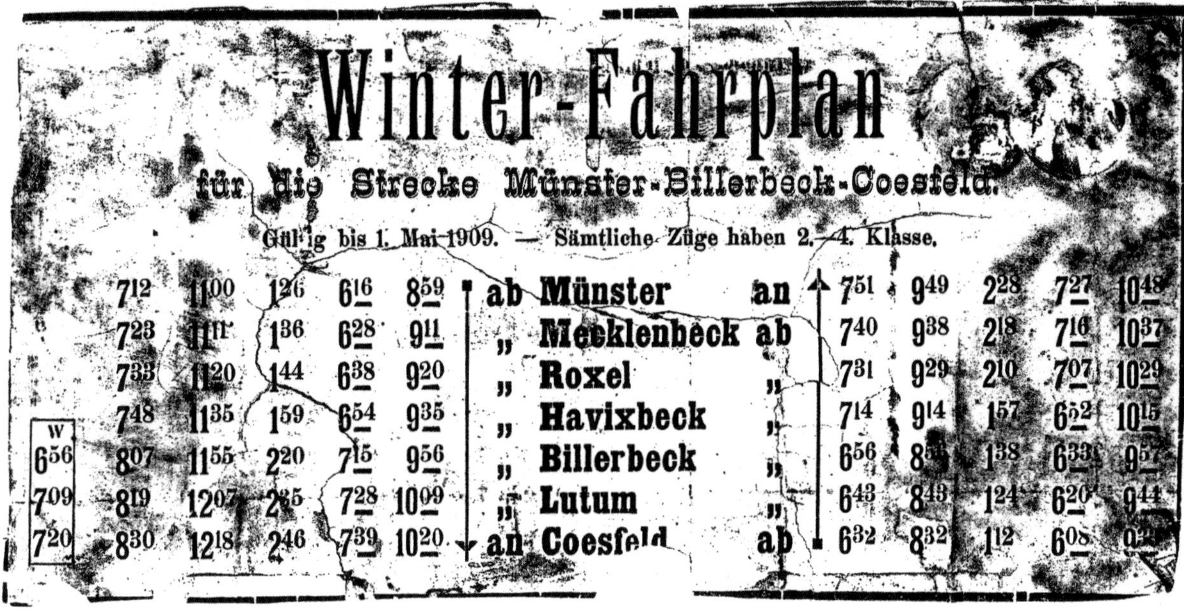

Winter-Fahrplan

für die Strecke Münster-Billerbeck-Coesfeld.

Gültig bis 1. Mai 1909. — Sämtliche Züge haben 2.–4. Klasse.

W														
	7^{12}	11^{00}	1^{26}	6^{16}	8^{59}	ab	Münster	an	7^{51}	9^{49}	2^{28}	7^{27}	10^{48}
	7^{23}	11^{11}	1^{36}	6^{28}	9^{11}	„	Mecklenbeck	ab	7^{40}	9^{38}	2^{18}	7^{16}	10^{37}
	7^{33}	11^{20}	1^{44}	6^{38}	9^{20}	„	Roxel	„	7^{31}	9^{29}	2^{10}	7^{07}	10^{29}
	7^{48}	11^{35}	1^{59}	6^{54}	9^{35}	„	Havixbeck	„	7^{14}	9^{14}	1^{57}	6^{52}	10^{15}
6^{56}	8^{07}	11^{55}	2^{20}	7^{15}	9^{56}	„	Billerbeck	„	6^{56}	[illegible]	1^{38}	6^{33}	9^{57}
7^{09}	8^{19}	12^{07}	2^{35}	7^{28}	10^{09}	„	Lutum	„	6^{43}	8^{43}	1^{24}	6^{20}	9^{44}
7^{20}	8^{30}	12^{18}	2^{46}	7^{39}	10^{20}	an	Coesfeld	ab	6^{32}	8^{32}	1^{12}	6^{08}	[illegible]

Dieses Angebot hielt der Winterfahrplan 1908/09 für die Stree Münster – Coesfeld bereit.

Slg. Heribert Lülf

Langjährige Bemühungen haben zum Erfolg geführt: Lutum ist Bahnstation!

Stadtarchiv Billerbeck

zweigleisigen Strecke von Wanne nach Münster verlegt werden. In Mecklenbeck sicherten zwei Stellwerke den Fahrweg, auf dem Weg nach Münster nochmals ein Schrankenposten. In Höhe des späteren Bahnhofes Geist zweigte die Linie nach Norden ab und erreichte ihren Endpunkt an Gleis 1 a, einem Stumpfgleis am ersten Bahnsteig außerhalb der Bahnsteighalle.

Der Streckenabschnitt von Havixbeck bis Münster wurde ohne jegliche Feierlichkeiten am 15. Oktober 1907 in Betrieb genommen. Zunächst verkehren drei Zugpaare.

Zwischen Empel und Bocholt fuhren zur gleichen Zeit sechs, zwischen Bocholt und Borken sogar acht und zwischen Borken und Coesfeld wiederum sechs Zugpaare.

Von Coesfeld bis Lutum konnten die Gleise parallel zur seit 1879 bestehenden Hauptbahn von Coesfeld nach Rheine verlegt werden. Ab Lutum musste ein mehrere Kilometer langer z.T. hoher Bahndamm aufgeschüttet werden, um die feuchte Berkelniederung zu durchqueren und den Bahnhof am nördlichen Rand oberhalb der Stadt Billerbeck anlegen zu können.

Die Inbetriebnahme erfolgte am 1. März 1908 mit zunächst wieder drei Zugpaaren II.-IV. Klasse.

Der letzte Abschnitt bot die größten Herausforderungen. Bereits am östlichen Bahnhofsende von Billerbeck begann die Bezwingung der Baumberge.

Der Bahnhof Billerbeck liegt auf 128 m Meereshöhe, der höchste Punkt der gesamten Strecke bei 139 m. Hunderte Arbeiter mussten zehn tiefe Einschnitte graben, sieben Dämme aufschütten, Brücken bauen und Durchlässe mauern. 135.000 cbm Erde und Gestein mussten bewegt werden. Der Billerbecker Anzeiger berichtete wiederholt von Erdrutschen und strengen Wintern, die den Baufortschritt immer wieder verzögerten. Die Trasse schlängelt sich durch den Berg, immer darauf bedacht, größere Steigungen und Gefälle zu umgehen. Von den 9,3 km zwischen Billerbeck und Havixbeck entfallen allein 4 km auf Kurven (insgesamt deren elf), das sind 43 % der gesamten Strecke.

Der Baumbergeverein hatte in seinem „Führer durch das Münsterland“ von 1896 bereits vorausgesagt, dass diese Strecke „nicht allein zur größeren Erschließung vieler herrlicher Punkte des Baumberger Geländes beitragen, sondern auch auf der Strecke Havixbeck – Billerbeck in landschaftlicher Beziehung sich Bilder aufthun, so reizvoll und wechselvoll, wie sie manche Gebirgsbahn nicht zu bieten hat."

Am 28. April 1908 konnte die landespolizeiliche Prüfung und am 1. Mai 1908 die Betriebseröffnung der Strecke von Billerbeck nach Havixbeck erfolgen.

Lutum (km 75,86)

Seit 1879 verlief die Eisenbahnstrecke von Oberhausen nach Quakenbrück durch die Coesfelder Bauerschaft Gaupel und die Billerbecker Bauerschaft Lutum. Ein Zughalt war hier ursprünglich nicht vorgesehen.

Bereits bei der landespolizeilichen Prüfung des Entwurfes für die Strecke von Coesfeld nach Münster am 26. November 1900 hatten sich der Landrat des Kreises Coesfeld und der Ehrenamtmann von Billerbeck erstmals für die Einrichtung eines Bahnhofes in Lutum eingesetzt. Und die Initiative hatte Erfolg. Es wurde ein Bahnhof für den Personen- und Güterverkehr angelegt. Neben den beiden Hauptgleisen erhielt der Bahnhof zwei Überholgleise. An drei Bahnsteigen konnte man in insgesamt vier Richtungen fahren!

Das kleine Empfangsgebäude mit Güterschuppen lag an der westlichen Bahnhofsausfahrt in der Gemarkung Lutum, das Stellwerk an der östlichen Ausfahrt in der Gemarkung Gaupel.

Die neue Bahnlinie zweigte in Lutum ab und nahm von dort Kurs auf Billerbeck.

Billerbeck (km 81,74)

Bereits seit dem Mittelalter führte die Gemeinde Billerbeck den Titel „Stadt". Die Einwohner waren Ackerbürger, Kaufleute, Handwerker und Händler, die immer auch als Landwirte tätig waren. 1905 zählte die eigentliche Stadt gerade einmal 1525 Einwohner.

Als 1896 das wirtschaftliche Potential für die geplante Bahn durch die Königliche Eisenbahndirektion in Münster ermittelt werden sollte, wurden vom Billerbecker Amtmann fünf Kalkbrennereien, fünf Brennereien und Brauereien, drei Ziegeleien, zehn Steinbrüche, sieben Mergelbrüche, drei Viehzüchter, eine Molkerei und eine Sägemühle sowie zwei

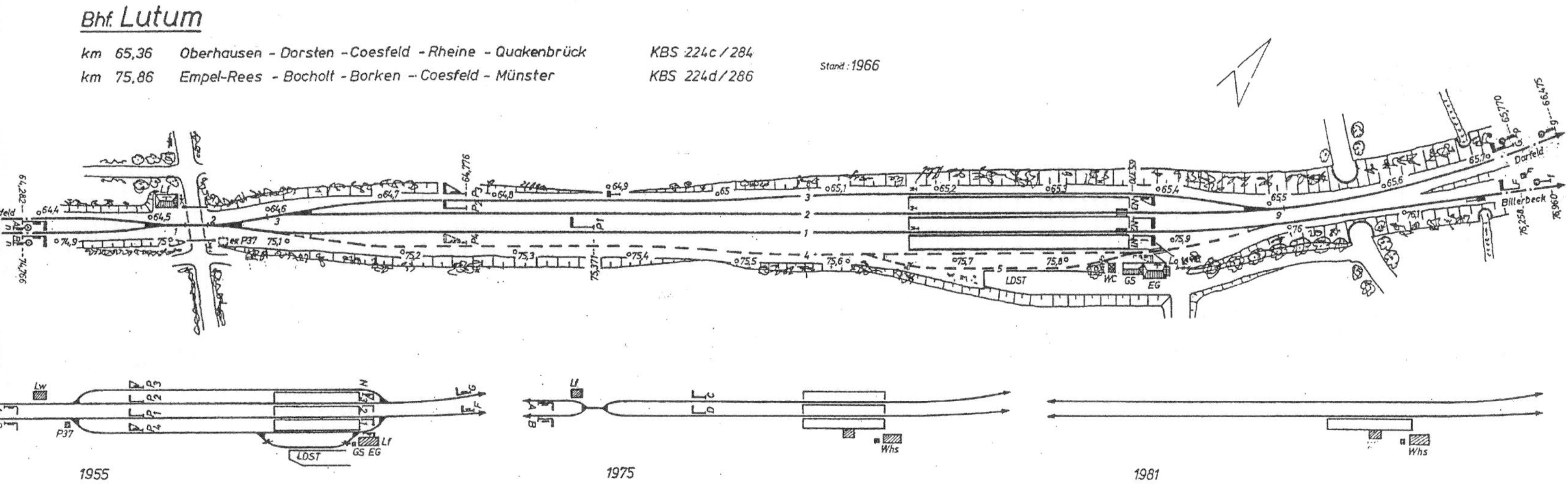

Entwicklungsstufen der Station Lutum: vom Bahnhof zum Haltepunkt an einer von zwei parallel liegenden Strecken. Heute ist Lutum wieder ein Bahnhof mit Hauptgleis und Umfahrung.

Theo Bruland

Annäherung an Billerbeck: das Einfahrvorsignal für aus Münster kommende Züge, im Hintergrund der Dom. Ludwig Rotthowe nahm die Szenerie im Mai 1963 auf.

Gleis- und Lageplan des Bahnhofs Billerbeck, Zustand von 1988.

Theo Bruland

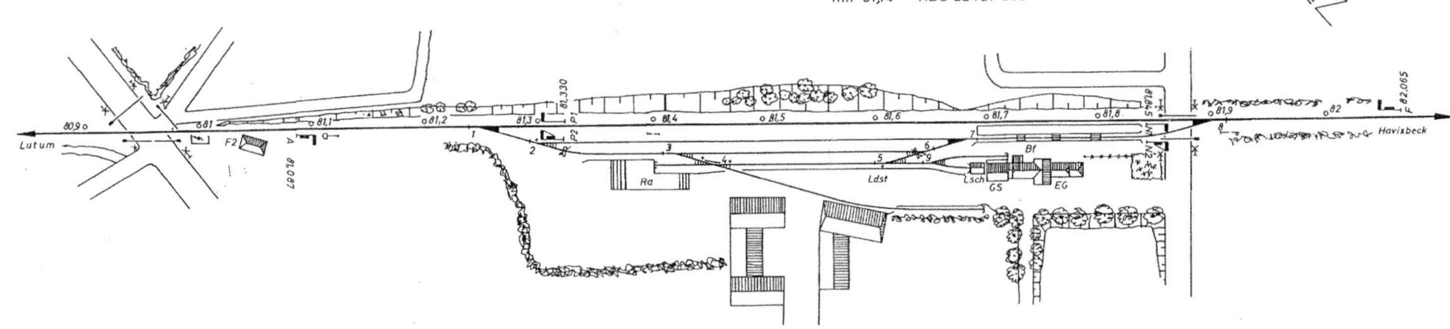

Kornmühlen angegeben. Um 1900 waren eine Futterstoffweberei, eine mechanische Weberei und zwei Strumpffabriken hinzugekommen.

Die Molkerei war 1885 von Josef Suwelack gegründet worden. 1899 zählte sie mit einer täglichen Milchlieferung von 50 000 Litern zu den größten Molkereien im Deutschen Reich. Für den Transport der Milchprodukte zum Bahnhof in Darfeld an der Strecke Coesfeld – Rheine mussten jährlich 3000 Mark an Frachtkosten aufgewendet werden. Seit der Eröffnung des Bahnhofes in Appelhülsen an der Strecke Wanne – Münster im Jahre 1870 bestand zudem eine Personenpostverbindung von Billerbeck nach Appelhülsen.

In Billerbeck verbanden sich mit dem Bahnbau auch Hoffnungen auf eine Belebung der Wallfahrt. Am Sterbeort des Hl. Liudger, des Missionars des Münsterlandes, war 1897 eine große Wallfahrtskirche eingeweiht worden, die von den Einwohnern in aller Bescheidenheit „Billerbecker Dom" genannt wurde.

Der „Billerbecker Anzeiger" berichtete seit 1880 regelmäßig über den Stand der Planungen, ab 1904 dann über den Fortschritt der Baumaßnahmen. Zwischen Lutum und Billerbeck musste ein mehrere Kilometer langer und hoher Damm aufgeschüttet werden. Die Anlage des Bahnhofes erfolgte am nordöstlichen Ortsrand.

Die Empfangsgebäude in Billerbeck und Havixbeck entstanden nach einheitlichem Plan, und zwar in massiver Bauweise mit integrierter Wohnung für den Bahnhofsvorsteher.

Ein Güterschuppen, eine Ladestraße und eine Kopf- und Seitenrampe vervollständigten die neue Station. Schrankenanlagen sicherten die Übergänge an der Darfelder und der Beerlager Chaussee. Billerbeck und auch Havixbeck erhielten jeweils zum Ladegleis noch ein zusätzliches Wagenaufstellgleis.

Für die Eröffnung des Bahnhofes bildete sich eine eigene Kommission. Am 27. Februar 1908 war es dann endlich soweit. Vertreter der Stadt, Honoratioren und Vereinsabordnungen mit Banner, laut Billerbecker Anzeiger insgesamt 932 Teilnehmer, trafen sich in der Innenstadt und zogen gemeinsam unter Begleitung der Stadtkapelle aus Rheine zum Bahnhof. Der örtliche Männerchor begrüßte den Sonderzug, der die Festgesellschaft nach Coesfeld und zurück brachte. In

Ein Personenzug aus Münster fährt 1908 in den Bahnhof Billerbeck ein.

Stadtarchiv Billerbeck

Unter großer Beteiligung der Billerbecker Bevölkerung wurde der Streckenabschnitt Coesfeld – Billerbeck eröffnet.

Stadtarchiv Billerbeck

Billerbeck angekommen, wurde in verschiedenen Gaststätten gefeiert, laut Bericht im „Billerbecker Anzeiger" bis um 2 Uhr in der Nacht.

Die offizielle Inbetriebnahme der Teilstrecke Coesfeld – Billerbeck erfolgte dann am 1. März 1908. Geplant war zunächst der Einsatz von fünf Zugpaaren. Der erste Zug hätte Billerbeck demnach erst um 8.07 verlassen und um 8.30 Coesfeld erreicht. Schon vor der Eröffnung des Betriebes hatten sich die Billerbecker daher in einer Petition für die Einlegung eines zusätzlichen Frühzuges für die Schülerinnen und Schüler und die Arbeiterinnen und Arbeiter, die jeden Tag früher in Coesfeld sein mussten, eingesetzt. Eine Abordnung hatte das Anliegen sogar persönlich bei der Direktion in Münster vorgetragen. Und tatsächlich wurde dieser Zug ab April 1908 in den Fahrplan aufgenommen (Billerbeck ab um 6.56 Uhr, Coesfeld an um 7.20 Uhr).

Ein Jahr nach dem Bahnanschluss erhielt Billerbeck sein erstes Elektrizitätswerk. Die Molkerei nahm 1910 die Produktion von Milchpulver auf und exportierte seit 1912 bis in die USA.

Und es profitierte auch die Wallfahrt. Als 1909 an den Todestag des Hl. Liudger vor 1100 Jahren gedacht wurde, erreichten innerhalb von drei Wochen tausende von Pilgern aus dem gesamten Münsterland mit der Bahn die Domstadt.

Bombeck (km 87,20)

Der Absatz des Baumberger Sandsteins war von Anfang an ein wichtiges Argument für die Linienführung quer durch die Baumberge. In einer „Aufstellung derjenigen thatsächlichen Verhältnisse, die die Ausführung des Eisenbahn-Projektes empfehlen", werden 1883 zweiundzwanzig Steinbrüche aufgeführt. Es wird daran erinnert, dass die Steinbrüche einen auch zu Bauzwecken und Bildhauerarbeiten ganz vorzüglichen Stein hervorbringen, der u.a. bereits Verwendung ge-

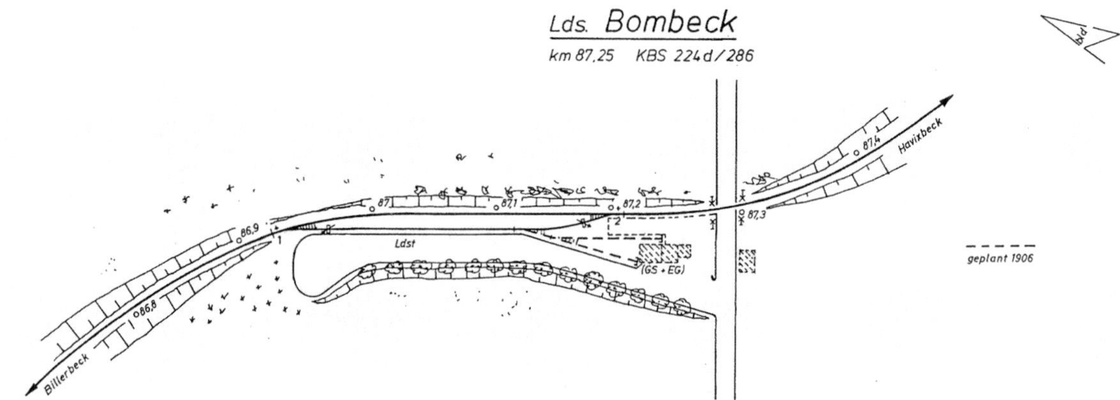

Gleis- und Lageplan der Ladestelle Bombeck, Zustand im Eröffnungsjahr 1908.

Theo Bruland

funden habe für den großen Figurenfries an der Fassade des Kultusministeriums in Berlin.

Am 24. Mai 1901 stellten die Gemeinde Beerlage und Steinbruchbesitzer aus Bombeck den Antrag auf Errichtung eines zusätzlichen Bahnhofes zwischen Billerbeck und Havixbeck. Das Ministerium für Öffentliche Arbeiten veranschlagte die Kosten mit 180.000 Mark und lehnte das Gesuch ab.

Auf Drängen der Anlieger wurde schließlich doch noch eine Güterladestelle errichtet. Mit den zur Verfügung stehenden 27.000 Mark entstand ein 200 m langes Ladegleis, das mit zwei Weichen an das Hauptgleis angebunden war.

Die Bombecker hatten zumindest einen Teilerfolg erzielt. Und als der Billerbecker Anzeiger für den 1. April 1908 die landespolizeiliche Abnahme ankündigte, ließen es sich die Anlieger nicht nehmen, in Bombeck auf den Sonderzug zu warten, in der Hoffnung, der Zug werde wenigstens aus diesem Anlass einmal in Bombeck halten.

Im strömenden Regen wartete man fast eine ganze Stunde. Schließlich schickte man einen Boten zum Bahnhof Havixbeck und ließ fragen, wann der erwartete Zug denn ankäme… Die landespolizeiliche Prüfung erfolgte übrigens erst vier Wochen später. Den Bombeckern wurde die kostenlose Mitfahrt im Sonderzug ab Havixbeck oder Billerbeck anheimgestellt. Unter „Mitnahme einer Musikkapelle“ nahmen sie das Angebot an, nicht ohne nochmals den Wunsch vorzutragen, die Güterladestelle möge in eine Haltestelle auch für den Personenverkehr umgewandelt werden.

Im Protokoll der landespolizeilichen Prüfung wurde festgehalten, „daß über diesen Antrag heute nicht befunden werden könne“.

Havixbeck (km 91,00)

Auch in Havixbeck wurde über die Lage des Bahnhofes lange gestritten. Die Bewohner des Ortes setzten sich für eine nördliche Linienführung ein. Ihrer Ansicht nach sollte der Bahnhof nicht mehr als 1 km vom Ortskern entfernt angelegt werden. Um ihrem Anliegen Nachdruck zu verleihen, wurde bereits 1897 eine entsprechende Petition eingereicht. Doch

Über fast einen Kilometer erstreckt sich das Bahnhofsgelände in Havixbeck. Beim Postkartenmotiv unten sind die Bauarbeiten noch in vollem Gange, eine preußische T 9.1 rangiert auf Gleis 1.

Slg. Heribert Lülf

Havixbeck erhielt ein durchaus repräsentatives Empfangsgebäude (Entwurfszeichnung).

Slg. Heinz Peirick

Empfangsgebäude Havixbeck

Maßstab 1:100.

Ansicht von der Bahnseite.

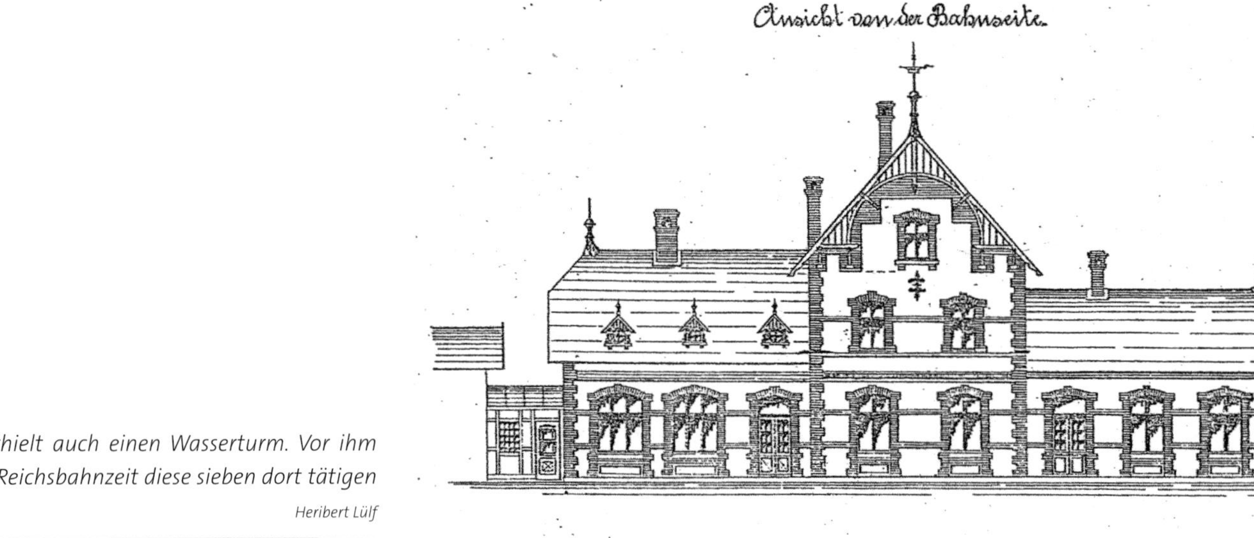

Grundriß des Erdgeschosses.

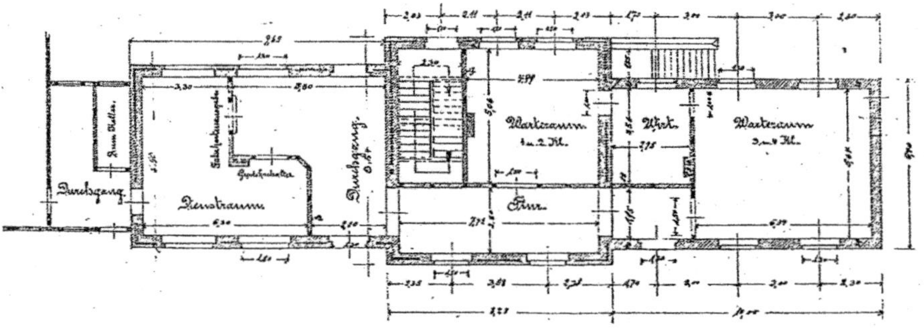

Havixbeck erhielt auch einen Wasserturm. Vor ihm posieren zur Reichsbahnzeit diese sieben dort tätigen Eisenbahner. Heribert Lülf

letztendlich setzte sich die südliche Variante mit der Anlage des Bahnhofes in der Bauerschaft Lasbeck durch. Dafür plädiert hatten vor allem die Besitzer der Steinbrüche in den Baumbergen.

Die Gemeinde Havixbeck beteiligte sich am Bahnbau mit 60.000 Mark. Neben dem Empfangsgebäude, dem Güterschuppen, der Rampenanlage und der Ladestraße wurde auch ein Wasserturm gebaut. Er war erforderlich, damit die Tenderlokomotiven, die im Güterverkehr zum Einsatz kamen, nach aufwendigen Rangiermanövern auf den vielen Unterwegsbahnhöfen vor und nach Überquerung der Baumberge ihren Vorrat an Speisewasser ergänzen konnten.

Von der Existenz eines Ladekranes wird in einem Unfallbericht vom 28. Mai 1908 berichtet. Bei der Einfahrt in den Bahnhof entgleisten zwei Personenwaggons, kippten um und prallten gegen einen Ladekran. Ursache für den Unfall war ein Schienenbruch.

Tilbeck (km 94,79)

Auch die Bewohner der Bauerschaft Tilbeck hatten im Rahmen der allgemeinen Vorabeiten im Jahre 1900 ihren Wunsch nach einem Bahnhof auf halber Höhe zwischen Havixbeck und Roxel vorgebracht. Doch die Eisenbahndirektion sah keinen Grund, auf freiem Feld einen weiteren Bahnhof anzulegen. Im Einzugsgebiet lebten ca. 1050 Einwohner, davon 117 in Schapdetten, 177 in der Bauerschaft Natrup, 376 in der Bauerschaft Tilbeck und in der hier kurz zuvor errichteten Heilanstalt, 204 in der Bauerschaft Herkentrup, 113 in der Bauerschaft Brock und 63 im Stiftsdorf Hohenholte.

Erst als sich die Gemeinden Havixbeck und Roxel über die genaue Lage des Bahnhofes und die Kostenbeteiligung einigten, lenkte die Eisenbahndirektion ein. Die Gemeinden stellten den Grund und Boden kostenlos zur Verfügung und beteiligten sich mit 6000 Mark (Havixbeck) bzw. 3000 Mark (Roxel) an den Baukosten. Zudem wurde der Bau einer Straße von Hohenholte über Herkentrup bis zur Nottulner

Nebenbahnidylle pur: Bahnhof Havixbeck um 1960.

Slg. Burkhard Vennemann

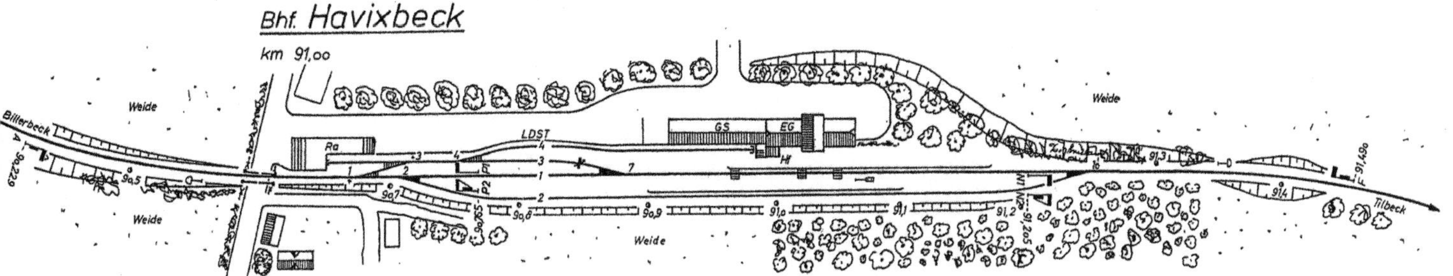

Gleis- und Lageplan des Bahnhofs Havixbeck, Zustand 1970.

Theo Bruland

Eine pr. P 4.2 legt mit ihrem Personenzug einen kurzen Halt in Tilbeck ein. Slg. Heribert Lülf

Landstraße in Schapdetten beschlossen. Mit den zur Verfügung stehenden Mitteln errichtete die Bahn einen kleinen Dienstraum, ein Abortgebäude und ein Ladegleis mit zwei Weichen.

Am 1. Oktober 1912 konnte die Haltestelle Tilbeck in Betrieb genommen werden. Ein einzelner Hilfsbeamter versah den Fahrkartenverkauf, die Abfertigung der Züge und den Ladeverkehr. In den Zugpausen fungierte er zudem als Streckenläufer für den Abschnitt von Havixbeck bis Roxel. Der Dienst dauerte jeweils 16 Stunden.

Die Station erhielt übrigens erst 1952 Anschluss an die öffentliche Stromversorgung. Bis dahin mussten jeden Abend Petroleumlampen im Dienst- und Warteraum, im Abortgebäude, auf dem Bahnsteig und am Bahnübergang angezündet werden.

Roxel (km 99,50)

Das Dorf Roxel hatte um 1900 gerade einmal 1600 Einwohner. Ab 1860 verband eine „Kunststraße" den Ort mit Havixbeck und Münster. Eine regelmäßige Postkutschenverbindung nach Münster wurde erst im Jahre 1900 aufgenommen.

Gleis- und Lageplan des Bahnhofs Roxel, Zustand 1966. Theo Bruland

Bhf. Roxel
km 99,47

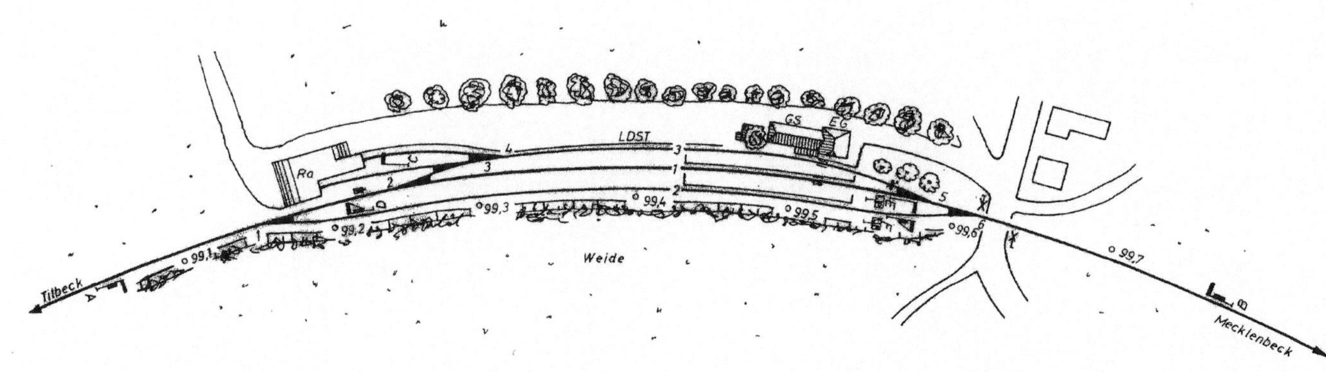

…auf den nach-
…glichen Anbau
…es Stellwerks-
…mes hatte sich
…s Bahnhofsge-
…ude in Roxel bis
…die 1950er Jahre
…um verändert.

Stadtarchiv Borken/ Slg. Hans Brunzel

Haupterwerbszweig des kleinen Dorfes war die Landwirtschaft. Bis auf eine Ziegelei gab es keine größeren Betriebe.

Der Bahnhof Roxel wurde am südwestlichen Ortsrand in einer Kurve angelegt. Das Empfangsgebäude und der angebaute Güterschuppen unterschieden sich wesentlich von den bisherigen Anlagen. In einem Beitrag des Münsterischen Anzeigers zur Inbetriebnahme des Abschnittes von Havixbeck nach Münster am 15. Oktober 1907 wird der Bahnhof wie folgt beschrieben: „Ein freundlicher Ziegelbau mit reich gegliedertem Walmdach und roten Ziegeln. Türen, Fensterrahmen und Dachrinnen in lichtem Grün." Gelobt wird auch das „entzückende und formschöne" Eisenbahnwohnhaus am Bahnübergang.

Mecklenbeck (km 103,85)

Mit der Eröffnung der Strecke von Wanne über Haltern nach Münster am 1. Januar 1870 erreichte das Eisenbahnzeitalter auch die Bauerschaft Mecklenbeck. Die Anlage eines Haltepunktes oder gar eines Bahnhofes war von der betriebsführenden Cöln-Mindener Eisenbahngesellschaft nicht vorgesehen. Erst recht nicht bei Zunahme des Verkehrs durch die Verlängerung der Strecke über Lengerich nach Osnabrück am 1. September 1871 und der Inbetriebnahme der Ven-

Das Empfangsgebäude von Mecklenbeck stand südlich der Hauptbahn von Wanne nach Münster. Beim Gruppenbild der im Bahnhof Beschäftigten (um 1910) durfte auch der Hund mit aufs Foto.

Slg. Marianne Beckmann, LWL Industriemuseum Dortmund

Seit 1901 fuhr auch eine Straßenbahn in Münster. Vor dem Empfangsgebäude dominierten aber noch Kutschen und Fuhrwerke.

Slg. Heinz Peirick

lo-Halterner Bahn, die 1874 in Haltern in die bestehende Strecke eingefädelt wurde.

Erst 1892 wurde ein Haltepunkt in Mecklenbeck eingerichtet. Südlich der inzwischen zweigleisigen Hauptbahn entstand ein einfaches Stationsgebäude.

Mit dem Bau der Stecke von Coesfeld nach Münster erhielt Mecklenbeck dann einen richtigen Bahnhof. Der Güterschuppen wurde im Gabelpunkt beider Linien gebaut, die Ladestraße mit Rampe westlich der Neubaustrecke. Zwei Stellwerke sicherten den Fahrweg und die Rangierbewegungen auf der neuen Station.

Münster (km 110,40)

Münster hatte sich im 19. Jahrhundert vom Provinzstädtchen zur Provinzialhauptstadt der preußischen Provinz Westfalen gewandelt. Die Bischofsstadt wurde Sitz der Bezirksregierung, von Justiz und Verwaltung, von Innungen und Kassen und Militärstützpunkt. Neben den höheren Schulen kam 1902 noch eine Universität hinzu. Eine wichtige Rolle in der Stadt spielte auch immer schon der Handel. Zu Industrieansiedlungen kam es nur in sehr beschränktem Umfang.

Das Eisenbahnzeitalter begann in Münster mit der Eröffnung der Strecke von Hamm im Jahre 1848, die 1856 bis Rheine verlängert werden konnte (Westfälische Staatseisenbahn). 1870/71 kam die von der Köln-Mindener Gesellschaft gebaute Magistrale Wanne-Eickel – Haltern – Münster – Osnabrück (- Hamburg) mit ihrer Zweiglinie Venlo – Wesel – Haltern (1874 eröffnet) hinzu, die sogenannte Rollbahn. Der Verkehr in Münster wurde in zwei jeweils selbständigen Bahnhöfen unabhängig voneinander abgewickelt.

Das Schienennetz wurde in den folgenden Jahren durch den Bau weiterer Strecken erheblich verdichtet. 1875 kam die (private) Münster – Gronau – Enscheder Eisenbahn hinzu, 1887 die staatliche Nebenbahn von Münster über Rheda nach Lippstadt und 1903 die Westfälische Landeseisenbahn von Münster nach Neubeckum mit nochmals eigenem Empfangsgebäude am Albersloher Weg.

Bereits 1890 waren bis auf die WLE alle Linien hochgelegt und ein neuer Zentralbahnhof in Betrieb genommen worden. Der Bahnhof war ausgestattet mit einem großen Stationsgebäude, drei Bahnsteigen, dreischiffiger Bahnhofhalle, Bahnbetriebswerk mit 18ständigem Rechtecklokschuppen, Drehscheibe und Schiebebühne und großem Güterbahnhof.

Ab 1895 war Münster auch wieder Sitz einer Eisenbahndirektion.

Die Stadt Münster hatte lange noch auf eine weitere Hauptbahn aus Richtung Amsterdam und Winterswijk gehofft und immer wieder diesbezüglich interveniert. Doch dieser Wunsch erfüllte sich nicht. Die schließlich gebaute Nebenbahn aus Empel am Niederrhein entsprach so ganz und gar nicht den Erwartungen der aufstrebenden Stadt. Zudem gestaltete sich die Einfädelung der neuen Strecke in den sowieso schon an die Kapazitätsgrenze gekommenen Personen- und Güterbahnhof schwierig. Schließlich ließ man die Personenzüge aus Coesfeld am ersten Bahnsteig zwischen Gleis 2 und 3 an einem Stumpfgleis enden und zu allem Übel auch noch außerhalb der Bahnhofshalle.

Die Betriebsaufnahme am 15. Oktober 1907 vollzog sich dann auch ohne irgendeinen öffentlichen oder gar feierlichen Akt.

An der neuen Strecke sollte übrigens 1915 das erste private Anschlussgleis eines Industrieunternehmens in Münster entstehen. Bei km 108,57 erhielt die Firma Stille, die Fahrzeuge für die im Krieg befindliche Armee baute, einen Anschluss.

Mit dem Bau der Strecke nach Lünen 1928 inklusive eines vierten Bahnsteiges in Münster, dem Bau der Güterumgehungsbahn und der Umgestaltung des Empfangsgebäudes 1930 waren die Ausbauarbeiten im Bahnhof Münster weitgehend abgeschlossen.

Die erste Zugfahrt von Münster nach Havixbeck

In einer Kolumne druckt der Münsterische Anzeiger einen Teilnehmer-Bericht von der ersten Fahrt eines Zuges von Münster nach Havixbeck am 15. Oktober 1907. Hier die leicht gekürzte Fassung des Artikels:

Herr Redakteur!

Ergebenster Morgengruß und Handschlag zuvor. Es ist erreicht! Der erste Baumberge-Zug ist glücklich hier gelandet, und an der Endstation drängt es mich, meinem Herzen Luft zu machen.

Zwar hatte ich mir eine Eisenbahn-Eröffnung feierlicher vorgestellt. Sie, ich stamme aus der alten Zeit und dachte an bekränzte Lokomotiven und Wagen, an Böllerschüsse und weiß gekleidete Ehrenjungfrauen, an Gemeindevertretungen in Zylinder und Bratenrock, an Pferde, die auf den Äckern mit gesträubten Mähnen, an Kühe, die auf den Weiden gleich toll mit gehobenen Schweifen querfeldein galoppieren – so etwas liest sich doch so schön – und statt dessen preußischer Ernst, preußische Pünktlichkeit und Schneidigkeit.

Als ich um 6 Uhr den Bahnsteig betrat, stand der Zug mit den neulackierten Schildern schon bereit: Lokomotive 7211 Münster, Packwagen 4 Personenwagen und ein Güterwagen. Pünktlich 6 Uhr 11 ¼ Min. „setzte sich der Zug in Bewegung", müsste es jetzt in meinem „Berichte" heißen. Aber wo kamen denn schon all die Passagiere her? 15 an der Zahl zählte ich sie erstaunten Gesichtes und sie alle staunten gleich fröhlich. Über die Weichen des großen münsterischen Güterbahnhofes humpelte und rumpelte der Zug schwerfällig und störrig, als wollte der neue Weg ihm noch nicht behagen. Zur Rechten liegt Münster. Noch schimmern fahl einige nächtliche Lichter, doch „morgendlich leuchten im rosigen Schein" schon die Türme von St. Joseph und der trutzige Dachhelm des Wasserturmes. Jetzt unter der Brücke der Hammer Chaussee durch. Wir gewinnen freies Feld und „Fortfortfort, Fortfortfort drehen sich die Räder rasend dahin auf dem Schienengeäder". Ach wie liebe ich sie, die rüttelnde, ratternde Bahnmelodie. Wie auf einer Entdeckungsfahrt komme ich mir vor, Herr Redakteur. Denken Sie doch: hier wird, wie man heute zu sagen pflegt, „Neuland" erschlossen, drum „fortfortfort, fortfortfort"!

Doch nur kurz ist die Freude. Vor Mecklenbeck halten wir. Böse Geister wollten behaupten, das Einfahrtsignal hätte noch nicht funktionieren wollen. Ich glaub`s nicht recht. Sollte der plebejische Güterzug, der die alte Cölner Strecke herunterkam, den neuen Pionier der Baumberge etwa aufhalten wollen? Da poltert er an uns vorbei, und langsam, nein majestätisch fahren wir in Mecklenbeck vor. Kurzer Aufenthalt und wir biegen rechts ab, begleitet vom Tücherschwenken einiger früh aufgestandener Damen. In eleganter Kurve verlassen wir die Cölner Bahn und biegen in`s freie Feld ab. Da horch: Peng, Peng! Aha, die Übergänge haben noch keine Schranken, selbst die Weseler Chaussee nicht, die wir jetzt überqueren. Kann`s mir schon denken, daß die alte Napoleonstraße sich diesen Zwang vorläufig nicht gefallen lassen will.

Doch nun beginnt eine herrliche Fahrt, Herr Redakteur. Da ist einem alles neu. Sie werden Wallhecken sehen, Herr Redakteur, wie das ganze Münsterland sie nicht schöner hat. Und dazwischen dunkle Büsche und grüne Weiden und Felder. Und Gehöfte lagern sich vor ihren Augen – es ist eine Pracht. Besonders vor Roxel in der alten, früher so gruselig schönen, heute leider viel zu kultivierten Moor-Heide. Doch weiter und weiter rast der Zug und kümmert sich nicht um meine rückständigen Gedanken und Betrachtungen. Links grüßen die Gefilde von Albachten mit dem spitzen Kirchturm, rechts breit hingelagert auf geschwungenem Gelände das behäbige alte Roxel mit seinem stolzen Kirchenbau und der grauen Windmühle, deren Flügel im leichten Morgenwinde langsam, langsam auf- und niedergehen.

Wir knattern über Weichen: Station Roxel! Und wirklich! Am hohen Mast weht hier die Preußenfahne. Alle Achtung, das ist ein Bahnhof, wie er mir zusagt, Herr Redakteur. Ein freundlicher Ziegelbau mit reich gegliedertem Walmdach und roten Ziegeln, Türen, Fensterrahmen und Dachrinnen in lichtem Grün. Und ein Zaun schließt den Bahnhofsplatz ab, der seinem saftigen grün gegen die Farblosigkeit der früheren Bahnhofsbauten geradezu verblüffend absticht.

Ich lasse Gedanken und Augen schweifen …

An breiter Viehrampe vorbei rollt der Zug seine Gleise weiter. Ein herrliches Tal weitet sich nach der münsterländischen Ebene zu. Ich stehe am Fenster und lasse die Gedanken und Augen schweifen, während das Ohr dem leisen Knirren und Knirschen des lockeren Kieses am Bahndamm sich hingibt. Leichte Nebelschleier flatter noch über die Äcker und Wälder. Fern auf dem Bergrücken hebt sich der Kirchturm von Altenberge empor, richtig, wir kommen ja in unsere münsterländische Schweiz. Ich eile zur linken Seite ans Fenster. Tilbeck und seine große Krankenanstalt kommen in Sicht und nun nähern wir uns den Baumbergen. Wie die Tilbecker und Masbecker Hügel, von hier aus gesehen, sich malerisch und mächtig aneinanderstemmen! Und die Buchenwälder, die auf ihnen gewachsen sind, schau, sie haben ein Festkleid angetan zum heutigen Tag, wie selbst – das muß man doch gestehen, Herr Redakteur – die schönsten Bahn-Eröffnungsfeiern von Anno dazumal und im Zeitbild der „Fliegenden Blätter" es prächtiger nicht zeigen konnte. Gelb und rot und braun, so lacht und leuchtet der eine riesengroße Wald im Lichte der gelben Morgensonne fröhlich und freundlich auf, als wollte er vor dem Winteranfang noch einmal eine Woche seinen reichsten Prunk entfalten.

Doch da ertönt ein zweimaliger Pfiff der Lokomotive: Station Havixbeck! Wohl grüßt hier keine Fahne, aber 2 große Bogenlampen – Petroleum-Glühlicht wie mir ein Kundiger verrät – wetteifern mit dem hellen Sonnenschein zum Willkommen.

Aber hier ist vorläufig Endstation, Baumberge-Station! Zwanzig Minuten nun ist`s von hier zu Mutter Gerdes, und jetzt kommt auch leicht ins Herz der Baumberge, wer nicht gerne weite Wege dorthin wandert.

Havixbeck hat wirklich einen „Staats"-Bahnhof bekommen, groß und luftig gebaut, mit hellen Diensträumen und Wartesälen. Und hier, Herr Redakteur, sitze ich nun in stillem Genießen. Mein Blick fliegt gern hinüber nach Havixbeck, dessen wehrhaftiger massiger Turm dem landschaftlichen Bilde einen eigenen Reiz und Stimmungszauber gibt. Das ist die schöne, alte Zeit, Herr Redakteur, die mit der neuen sich so gut verträgt, wenn diese sich so freundlich bietet wie in diesen Bahnhofsbauten. Wie freundlich wird doch heute so ein Warteraum von Innen ausgestattet. Der farbige Wandputz mit dem lebhaften Friesornament und der weißen Decke.

Mittlerweile füllt sich der Bahnhof richtig, gleich fährt der erste Zug von Havixbeck nach Münster. Was? Da wird ja gar geschossen. Ach so, heute ist ja im Münsterlande der übliche Hochzeitstag und zu einer regelrechten Hochzeit gehört ja auch die leidige und gefährliche Schießerei. Und ich dachte schon, es gälte dem ersten Zuge.

Jetzt fährt er vor, von dem geräumigen und in lebendigen Farben gehaltenen Güterschuppen her.

Nr. 7211, ich grüße dich, du hast uns gut geführt, nun wirst du auch die zweifach schwerere Last – der Zug fährt mit doppelter Passagierliste – glücklich zur Hauptstadt bringen.

Die Betriebseröffnung am 15. Oktober 1907 fiel auf einen Dienstag. Zuglok „Münster 7211" war eine preußische T 9.1, 1901 bei Henschel unter der Fabriknummer 5777 gebaut. Bei der Deutschen Reichsbahn trug sie die Nummer 90 180. Laut Fahrplan sollte der erste Zug um 6.10 Uhr ab Münster verkehren. Der Hinweis auf die preußische Pünktlichkeit hätte sich hier also erübrigt.

Die Fahrzeit von Münster nach Havixbeck betrug 30 Minuten. Die Rückfahrt nach Münster erfolgte um 7.18 Uhr. Mittags und abends verkehrte jeweils ein weiteres Zugpaar. Alle Züge führten die II. bis IV. Klasse.

Mutter Gerdes war übrigens die Wirtin eines der Ausflugslokale, die um die Jahrhundertwende in den Baumbergen entstanden und zum beliebten Ziel der Ausflügler aus der Stadt wurden.

Ein Ausflug in die Baumberge: Im Mai 1962 fotografierte Ludwig Rotthowe den Personenzug von Münster nach Coesfeld bei Tilbeck.

133 b Ahaus—Enschede *(Bisher 139 e)*

‡ *Zollabfertigung nach* den Niederlanden in **Broekheurne**, *aus* den Niederlanden in **Alstätte**

♁ Amsterd. Sommerzeit

W 5708	606		W 608		W 610	612	614	km	(Holländische Eisenbahn)	W 601	W 603	F 605	W 607	W 609	611	613
6 35	8 21	...	10 53	...	13 26	15 8	18 30	0.0	Ab **Ahaus** 127 d. 133 d ..... An	6 18	7 51	8 2	10 22	13 4	14 31	18 3
6 55	8 29	...	11 1	...	13 34	15 16	18 38	3.4	Wessum	6 11	7 44	7 55	10 15	12 57	14 24	17 56
7 0	8 34	...	11 6	...	13 39	15 21	18 43	6.0	Averesch	6 2	7 36	7 46	10 6	12 48	14 16	17 48
7 10	8 40	...	11 12	...	13 45	15 27	18 49	9.0	An Alstätte ‡ Ab	5 57	7 30	7 41	10 1	12 43	14 10	17 42
...	8 42	...	11 14	...	13 47	15 29	18 51	9.0	Ab Alstätte ‡ An	5 52	...	7 36	9 56	12 38	14 5	17 37
...	9 16	...	11 48	...	14 21	16 3	19 25	13.5	Broekheurne ♁ ‡	6 3	...	7 47	10 7	12 49	14 16	17 48
...	9 25	...	11 57	...	14 30	16 12	19 34	18.6	An **Enschede** Süd 569. 569 a Ab	5 51	...	7 35	9 55	12 37	14 4	17 36

133 c Empel—Bocholt—Borken (Westf.)—Coesfeld (Westf.)—Münster (Westf.) *(Bisher 139 c)*

‡ 128. 132. 132 A. c. f.

(RBD Münster)

km	Station				W 19	5	W 9375	21		7		15	17
0.0	Ab **Empel** : 139. 209 E. ... An	...	...	...	5 58	8 13	10 50	14 10	...	16 47	...	18 38	20 45
3.7	Vehlingen	...	...	...	6 5	8 21	10 56	14 18	...	16 55	...	18 45	20 53
6.2	Isselburg-Anholt 209 J.	...	...	...	6 11	8 27	12 15	14 25	...	17 2	...	18 52	21 0
10.2	Werth	...	...	...	6 22	8 39	12 32	14 37	...	17 10	Sb nicht	19 0	21 11
14.0	Mussum	...	...	...	6 30	8 47	12 41	14 45	...	17 18		19 7	21 21
18.4	An Bocholt : 140. 209 B. Ab	...	...	...	6 39	8 55	13 0	14 53	...	17 26		19 15	21 29
				3	23	9	11				W 1		
18.4	Ab Bocholt : 140. 209 B. An	...	...	5 45	7 7	11 20	13 43	15 15	...	17 33	18 34	20 4	...
25.1	Rhede (Kr. Borken)	...	...	5 58	7 20	11 33	13 56	15 28	...	17 46	18 46	20 17	...
31.0	Rhedebrügge	...	...	6 10	"	11 48	14 8	15 40	...	17 58	...	20 27	...
37.4	An Borken (Westf.) : 127 v. 133 d. Ab	...	...	6 21	7 39	12 1	14 19	15 51	...	18 9	...	20 38	...
37.4	Ab Borken (Westf.) An	...	...	6 35	7 40	12 6	...	16 24	...	18 12	...	20 41	...
44.2	Ramsdorf	...	...	6 48	"	12 18	...	16 37	...	18 25	...	20 54	...
48.9	Velen	...	...	6 57	7 58	12 30	—	16 46	...	18 34	...	21 3	...
55.1	Gescher	...	...	7 9	8 9	12 44	...	16 57	...	18 46	...	21 16	...
59.7	Klye	...	...	7 18	"	12 56	...	17 6	...	18 55	...	21 28	...
68.8	An Coesfeld (Westf.) 127 d. Ab	...	17	7 33	8 28	13 11	W 29	17 21	...	19 10	...	21 43	...
68.8	Ab Coesfeld (Westf.) 132 e An	...	5 37	7 39	8 30	13 17	15 36	...	...	19 18	...	22 0	...
75.9	Lutum	...	5 48	7 50	"	13 29	15 48	...	F 22	19 30	...	22 11	...
81.8	Billerbeck	...	6 0	8 1	"	13 40	15 59	...	19 2	19 42	...	22 21	...
91.1	Havixbeck	...	6 19	8 17	"	13 56	16 15	...	19 18	19 58	...	22 36	...
94.8	Tilbeck	...	6 27	8 24	"	14 4	16 23	...	19 26	20 6	...	"	...
99.5	Roxel	...	6 36	8 33	"	14 14	16 32	...	19 35	20 15	...	22 49	...
103.8	Mecklenbeck 128	...	6 45	8 42	"	14 23	16 41	...	19 44	20 24	...	22 57	...
107.0	Geist Hp.	...	6 51	8 47	"	14 29	16 47	...	19 50	20 30	...	"	...
110.4	An **Münster** (Westf.) : ‡ Ab	...	6 57	8 53	9 27	14 36	16 54	...	19 56	20 37	...	23 6	...

Station	W 20	4	W 9376	12		6	14		16		
Empel (An)	5 27	7 46	9 34	13 41	...	15 59	18 7	...	20 10	...	...
Vehlingen	5 20	7 39	9 16	13 34	...	15 52	18 0	...	20 3	...	...
Isselburg-Anholt	5 15	7 33	9 9	13 29	...	15 47	17 53	...	19 58	...	...
Werth	5 6	7 23	8 38	13 20	...	15 35	17 44	...	19 47	...	...
Mussum	4 58	7 15	7 44	13 13	...	15 27	17 36	...	19 39	...	...
Bocholt (Ab)	4 49	7 6	7 35	13 4	...	15 18	17 27	...	19 30	...	...
			8							18	26
Bocholt (An)	...	7 3	10 8	12 48	...	15 14	16 56	...	19 17	21 59	0 24
Rhede (Kr. Borken)	...	6 49	9 55	12 32	...	15 2	16 43	...	19 4	21 46	0 13
Rhedebrügge	...	6 37	9 43	12 21	...	14 51	16 32	...	18 53	21 34	0 3
Borken (Westf.) (Ab)	...	6 27	9 32	12 9	6012	14 39	16 20	...	18 42	21 23	23 52
Borken (Westf.) (An)	...	...	9 28	12 3	14 8	...	16 16	...	18 40	21 21	23 51
Ramsdorf	...	...	9 17	11 52	13 43	...	16 5	...	18 27	21 10	23 40
Velen	...	...	9 8	11 43	13 27	—	15 56	...	18 17	21 2	23 32
Gescher	...	...	8 53	11 31	13 10	...	15 44	...	18 5	20 44	23 21
Klye	...	...	8 44	11 22	12 54	...	15 35	...	17 56	20 32	"
Coesfeld (Westf.) (Ab)	...	...	8 29	11 7	12 37	W 28	15 20	...	17 42	20 17	22 59
Coesfeld (Westf.) (An)	...	...	8 24	11 4	...	13 39	15 10	...	17 33	20 2	22 45
Lutum	...	...	8 13	10 53	...	13 21	14 59	F 28	17 22	19 51	22 34
Billerbeck	...	...	8 2	10 43	...	13 17	14 48	15 47	17 9	19 40	22 23
Havixbeck	...	...	7 46	10 27	...	13 1	14 32	15 32	16 53	19 18	22 6
Tilbeck	...	...	7 35	10 16	...	12 50	14 21	15 21	16 42	19 7	21 55
Roxel	...	...	7 26	10 8	...	12 41	14 12	15 12	16 33	18 58	21 47
Mecklenbeck	...	...	7 16	9 58	...	12 31	13 59	15 2	16 23	18 48	21 38
Geist Hp.	...	...	7 10	9 52	...	12 25	13 51	14 56	16 15	18 42	21 33
Münster (Westf.) (Ab)	...	...	7 4	9 46	...	12 19	13 45	14 50	16 9	18 35	21 28

133 d Borken (Westf.) [–Vreden (Westf.)]—Burgsteinfurt *(Bisher 139 d)*

♁ 127 v. 133 c. ‡ 127 x. 132 c.

(Alle Züge nur 2. u. 3. Kl.)

b verkehrt an den Borkener Markttagen: am 7/7, 25/8 u. 13/9

(Westf. Landes-Eisenb.)

km	Station		53				55		57		61		63
0.0	Ab **Borken** (Westf.) : ♁ An	...	7 8	...	...	...	11 0	...	12 15	...	16 50	...	20 45
1.3	Gemen	...	×7 12	...	...	...	×11 4	...	×12 22	...	×16 54	...	×20 49
6.9	Weseke	...	7 23	...	...	...	11 15	...	12 39	...	17 5	...	21 0
10.4	Südlohn	...	7 30	...	...	...	11 26	...	12 50	...	17 13	...	21 7
14.1	Hundewick	...	7 36	...	...	...	×11 33	...	13 1	...	×17 20	...	×21 14
17.7	An Stadtlohn Ab	...	7 44	...	...	...	11 41	...	13 10	...	17 27	...	21 22
			F 74	W 74					76	80	82		84
17.7	Ab *Stadtlohn* An	...	8 50	9 0	...	...		...	13 30	15 40	17 40	...	21 35
19.1	*Wessendorf*	...	×8 56	×9 6	...	...		...	×13 36	×15 46	×17 46	...	21 41
21.5	*Wenningfeld*	...	×9 2	×9 12	...	...		...	×13 42	×15 51	×17 51	...	21 47
26.9	An *Vreden* (Westf.) Ab	...	9 11	9 24	...	...		...	13 54	16 0	18 0	...	21 59
		51			W 501								
17.7	Ab Stadtlohn An	5 42	7 47	...	8 12	...	11 44	...	...	...	17 35	...	...
22.4	Almsick	×5 52	7 56	...	×8 35	...	×11 53	...	...	...	×17 46	...	...
26.3	Quantwick	×5 59	8 2	...	"	...	×12 0	...	...	...	×17 54	...	...
30.2	An Ahaus 127 d. 133 b. Ab	6 8	8 11	...	8 55	...	12 10	...	...	...	18 3	...	...
30.2	Ab Ahaus An	6 10	8 20	...	9 50	...	12 12	...	...	...	18 18	...	...
33.0	Ahler-Kapelle	×6 16	×8 26	...	"	...	×12 18	...	...	...	×18 24	...	...
37.7	Nienborg-Heck	6 24	8 35	...	10 50	...	12 27	...	...	...	18 35	...	...
46.0	Metelen Ort 132 c	6 39	8 50	...	11 30	...	12 42	...	...	...	18 53	...	...
54.5	An **Burgsteinfurt** ‡ Ab	6 52	9 3	...	11 48	...	12 55	...	...	...	19 6	...	...

Station	52	54		56	W 302		62		64		
Borken (An)	6 15	9 22	...	11 50	14 55	...	16 14	...	19 55	...	...
Gemen	×6 11	×9 18	...	×11 46	"	...	×16 10	...	×19 49	...	...
Weseke	6 1	9 8	...	11 35	14 35	...	15 59	...	19 32	...	...
Südlohn	5 54	9 1	...	11 28	14 5	...	15 52	...	19 17	...	...
Hundewick	×5 46	×8 54	...	×11 18	13 30	...	×15 44	...	×19 2	...	...
Stadtlohn (Ab)	5 38	8 45	...	11 10	13 10	...	15 36	...	18 51	...	...
	71	73	W 75	F 75			77		81	83	
Stadtlohn (An)	*b* 5 30	7 42	11 2	11 5	...	...	15 20	...	17 14	18 42	...
Wessendorf	5 25	×7 37	×10 57	×11 0	...	...	×15 15	...	×17 9	18 37	...
Wenningfeld	5 18	×7 30	×10 50	×10 54	...	...	×15 9	...	×17 2	18 30	...
Vreden (Westf.) (Ab)	*b* 5 6	7 18	10 38	10 45	...	...	15 0	...	16 50	18 18	...
						W 504					66
Stadtlohn (An)	...	8 42	...	11 7	...	17 3	15 34	...	...	...	20 57
Almsick	...	×8 35	...	×10 58	...	×16 48	×15 24	...	...	...	×20 48
Quantwick	...	×8 26	...	×10 50	...	"	×15 16	...	...	...	×20 41
Ahaus (Ab)	...	8 17	...	10 40	...	16 18	15 7	...	...	...	20 31
Ahaus (An)	...	8 2	...	10 26	...	15 23	15 5	...	...	...	20 29
Ahler-Kapelle	...	×7 57	...	×10 21	...	"	×15 0	...	...	...	×20 24
Nienborg-Heck	...	7 49	...	10 12	...	15 5	14 51	...	...	...	20 15
Metelen Ort	...	7 34	...	9 56	...	14 8	14 31	...	...	...	20 0
Burgsteinfurt (Ab)	...	7 20	...	9 42	...	13 20	14 20	...	...	...	19 46

Die Strecke Empel – Bocholt – Borken – Coesfeld – Münster im Reichskursbuch, gültig ab 2. Juli 1927.

Betriebsalltag

Die Bahn kam spät, aber sie kam! Zunächst erfüllte sie auch die in sie gesetzten Erwartungen.

Mit Eröffnung der Teilstrecken stellten die Postkutschen ihren Verkehr ein. Wer nicht zu Fuß gehen oder mit dem Fahrrad fahren wollte bzw. konnte, nutze die Eisenbahn. Plötzlich war es möglich, höhere Schulen oder Arbeitsplätze in der nächsten Stadt oder sogar im nahen Ruhrgebiet zu erreichen. Kein anderes Verkehrsmittel konnte Stückgut und vor allem Massengüter so günstig und schnell befördern, wie die Eisenbahn. Landwirtschaftliche Produkte wie Milch, Vieh und Grubenholz fanden neue Märkte. Die Preise für Steinkohle sanken rapide.

Von Anfang an war klar, dass diese Bahn keine Gewinne erwirtschaften würde. Der Aufwand für den Unterhalt und den Betrieb der Strecke überwog bei weitem die erzielten Einnahmen aus dem Personen- und Güterverkehr. Die Eisenbahnverwaltung verhielt sich deshalb gegenüber den schon bald aufkommenden Forderungen nach weiteren Haltepunkten und Bahnhöfen, Einlegung von zusätzlichen Zügen und Erhöhung der Geschwindigkeit auf der Strecke sehr zurückhaltend, wenn nicht ablehnend. Mehrfach verwies die Eisenbahndirektion Münster in ihren Stellungnahmen darauf, dass der Verkehr auf der Strecke Empel – Münster nur „mittelmäßig stark“ sei. Um den Betrieb auch nur einigermaßen wirtschaftlich zu gestalten, müsse „auf große Sparsamkeit in der Aufwendung von Leistungen Bedacht genommen werden“.

In den ersten Jahrzehnten wurde vor allem in die Sicherheit des Eisenbahnbetriebes investiert.

Dem zunehmenden Straßenverkehr Rechnung tragend, wurden zwischen Lutum und Mecklenbeck vier Übergänge mit Posten gesichert: P1 in Lutum, P2 an der Darfelder Straße in Billerbeck, P3 in Bombeck an der Landstraße von Billerbeck nach Havixbeck und P 4 an der Weseler Straße kurz vor dem Bahnhof Mecklenbeck. Auch die kleineren Bahnhöfe erhielten sukzessive Stellwerke und Signale.

Der offensichtlich unrentable Haltepunkt Tenking zwischen Bocholt und Rhede wurde bereits 1923 wieder geschlossen. Zur Anlage neuer Haltepunkte oder Bahnhöfe war die Eisenbahnverwaltung nicht mehr bzw. nur unter hohen Auflagen bereit. So blieb es in Bombeck trotz mehrfacher Intervention der Anlieger bei der Güterladestelle. Mit erheblicher finanzieller Beteiligung der Gemeinden Havixbeck und Roxel konnte 1912 noch der Haltepunkt Tilbeck eröffnet werden.

Seit Ende der 20er Jahre hatte sich eine Siedlungsgesellschaft für einen Haltepunkt in Geist zwischen Mecklenbeck und Münster eingesetzt. Hier gab es bereits eine Zugmeldestelle mit insgesamt sieben Gleisen und den zwei Stellwerken „Gnf“ und Gs“. Im Bedarfsfall konnten hier bis zu 180 Waggons abgestellt und - zur Entlastung des Güterbahnhofes in Münster - auch neu zusammengestellt werden. Die Reichsbahn stimmte der Errichtung eines Haltepunktes in Geist erst zu, nachdem sich die Siedlungsgesellschaft bereit erklärt hatte, die Kosten für den Bau, den Unterhalt und so-

Während vor dem Güterschuppen der Lastwagen der bahnamtlichen Spedition Wessels beladen wird, hat der örtliche Bierverleger Alfred Hoffmann seinen Mercedes 170 Cabriolet vor der Bahnhofsgaststätte in Rhede abgestellt.

Slg. August Wessels

gar den Fahrkartenverkauf zu übernehmen. Zudem hatte sich die Stadt Münster verpflichten müssen, die Kosten für die Erweiterung der Anlage nach Fertigstellung des benachbarten Preußenstadions zu übernehmen. Am 1. Juli 1924 konnte der Haltepunkt Geist (km 107,00) schließlich eröffnet werden.

Das ungeliebte kleine Bahnhofgebäude in Rhede wurde am 23. Mai 1927 ein Raub der Flammen. Der Rheder Feuerwehrhauptmann gab zu Protokoll: „Et was pecke düster, on eck hadde all dreimaol „Wasser marsch“ kommandert, dat ha ick, mar da kamm ken Water an, datt so, dar wassen ettleche Rheser Mannslöh, de trodden mett öhre Klompen ömmer opp de Schläuche, so konn ja ock keen Water kommen.“ Unverblümt berichtet die Zeitung, dass der Bau auch „den bescheidensten Ansprüchen nicht mehr genügt hat, aber heute wohl noch in Dienst sein würde, wenn ein barmherziger Brand uns nicht davon befreit hätte“. Der imposante Neubau mit Bahnhofsgaststätte samt Güterschuppen konnte am 11. Juli 1928 in Anwesenheit des Reichsbahndirektionspräsidenten aus Münster feierlich eingeweiht werden.

Mit Pferdefuhrwerken und Bollerwagen wurden die Milchkannen zum Bahnhof Gescher gebracht. Der Giebel der Straßenseite entspricht der Zeichnung auf Seite 40. Stadtarchiv Gescher

Mit Frack, Zylinder und Musikkapelle holen die Stifter eine Glocke am Bahnhof in Billerbeck ab und bringen sie dann mit geschmücktem Fuhrwerk zum Dom. Stadtarchiv Billerbeck

lässlich der Fer-
stellung einer
uen Unterfüh-
ng zwischen
esfeld und Lu-
n entstand diese
fnahme in den
20er Jahren.

Slg. P. Dr. Daniel Hörnemann

Das Zugangebot lässt Wünsche offen

Es gab Personenzüge, die auf der Gesamtstrecke verkehrten, aber auch Züge, die nur auf Teilabschnitten fuhren und zwar zwischen Empel und Bocholt, Bocholt und Borken und Coesfeld und Münster. Die wenigsten Reisenden befuhren offensichtlich die Gesamtstrecke. Darauf lässt auch die Tatsache schließen, dass zum Fahrplanwechsel in den Lokalzeitungen nur die Fahrpläne der unmittelbaren Umgebung veröffentlicht wurden und nur ganz selten die der gesamten Strecke.

Städte und Gemeinden und die zuständigen Handelskammern in Münster und Duisburg-Ruhrort versuchten immer wieder mit Anträgen und Eingaben Einfluss auf den Fahrplan der Bahn zu nehmen.

Die in den Archiven erhaltenen Schreiben an die Eisenbahndirektion in Münster geben Auskunft über die Nutzer der Bahn. 1922 wird mit Verweis auf die „zahlreichen, die Lehranstalten in Münster besuchenden Schulkinder" die Verlegung eines Frühzuges beantragt, im gleichen Jahr die Einlegung eines nachmittäglichen Triebwagens von Coesfeld über Gescher nach Borken für die Schüler, die das Gymnasium oder die Töchterschule in Coesfeld besuchen. Aus einer Eingabe von Eltern aus Gescher aus dem Jahre 1924 geht hervor, dass 60-70 Fahrschüler des Gymnasiums Coesfeld einen GmP nutzten, dieser aber „infolge Aufhebung der Regiebahn am 16. November 1924 in Fortfall" gekommen ist.

Der 1. Bürgermeister der Stadt Bocholt richtete sich mit Schreiben vom 3. April 1922 gleich an das Reichsverkehrsministerium in Berlin und beantragte die Einrichtung eines Triebwagenpendelverkehrs zwischen Empel und Coesfeld. Er verweist darauf, dass in der Stadt Bocholt 75 Webereien und Spinnereien aufgrund des Arbeitermangels nur zu 75 % ausgelastet seien. „Dazu kommt, dass die Firma Karstadt Hamburg ihre gesamte Textilfabrikation nach Bocholt verlegt und zu diesem Zweck ein Riesengelände mit neuen Spinnereien und Webereien bebaut. Ferner errichten die Firmen Beckmann & Co, Werner Schwartz, Elshorst-Herding und Westerhoff je eine neue Spinnerei oder Weberei, was die Notwendigkeit der Heranziehung mehrerer 1000 Arbeiter von auswärts fordert. Da dieser Arbeiterbedarf nicht aus Bewohnern von Bocholt und der nächsten Umgebung gedeckt werden kann, so muss der Triebwagenverkehr eingesetzt werden, um aus den gesamten Nachbarbezirken und Orten von Empel bis Coesfeld Arbeitskräfte, insbesondere weibliche, täglich herein und heraus zu führen."

In Velen und Ramsdorf fuhren täglich Bergleute zu den Zechen in Hervest-Dorsten und Gladbeck. Für sie verkehrte

In der Torfstreufabrik in Velen wurde im Juli 1934 natürlich auch die Werklok mit Torf gefeuert.

LWL Industriemuseum Dortmund

1920 ein Frühzug ab Coesfeld um 3.53 Uhr mit Ankunft in Borken um 4.48 Uhr. Hier musste in die Züge Richtung Dorsten/Essen umgestiegen werden. 1921 wandte sich das Amt Ramsdorf gegen den Plan der Reichsbahn, die sogenannten beschleunigten Personenzüge nicht mehr in Ramsdorf und Velen halten zu lassen und verwies auf die Konsequenzen für die Bergleute: „Von besonderer Wichtigkeit für den Morgenzug ist die Tatsache, dass von den ca. 120 Bergleuten des Amts Ramsdorf, die mit dem Zuge um 9 Uhr von Hervest-Dorsten in Borken ankommen, 8 km und darüber täglich nach Hause zu Fuß gehen müssen, während der bereitstehende Zug ihnen keine Gelegenheit geben soll, in Ramsdorf auszusteigen." Wie den Akten zu entnehmen ist, wurde der Antrag von der Reichsbahn abgelehnt.

Ausflugsverkehr in die Baumberge

Eine Besonderheit war der Ausflugsverkehr von Münster in die Baumberge, der bereits im Eröffnungsjahr einsetzte und erstaunliche Ausmaße annahm. Bereits am 15. Oktober 1907 beschloss die Bahn den Einsatz von Sonderzügen an allen Sonn- und Feiertagen. In einem Pressebericht über den Pfingstsonntag 1908 heißt es, der abendliche Zug von Billerbeck nach Münster habe 18 Personenwagen gehabt und sei von zwei Lokomotiven gezogen worden! Hinzu kam der Reiseverkehr am traditionell dienstfreien Mittwochnachmittag der Beamten und Angestellten.

Schrankenwärter Jans Maas verrichtet seinen Dienst am Posten 13 an der Eintrachtstraße in Bocholt. Reicher Blumenschmuck ziert den einfachen Bau.

Slg. Verein zur Erhaltung und Förderung des Schienenverkehrs Bocholt

Aus den ersten Betriebsjahren sind mehrere Fotos mit Zügen erhalten. Sie zeigen Personenzuglokomotiven der Baureihe P 4.2, die in Münster und Bocholt beheimatet waren. Die Züge bestanden aus vier zweiachsigen Personenwaggons, einem Gepäckwagen und einem Waggon für die Postbeförderung.

Von Münster aus kamen ab 1911 Akkumulatoren-Triebwagen der Bauart „Wittfeld" zum Einsatz. Seit 1914 fuhren sie auch auf der Strecke nach Coesfeld. Da es aber nur in Münster eine Ladestation gab, war ein Einsatz bis Borken oder gar Bocholt wegen der geringen Speicherkapazität nicht möglich. Anfang Oktober 1935 stellte man den AT-Betrieb in Münster wieder ein.

In den 1920er und 1930er Jahren kamen auf der Strecke überwiegend T 11, T 12, T 18 und P 8 vor Personenzügen zum Einsatz, später auch die Einheitslokomotiven der Baureihen 24, 64 und 86.

Die auf 40 km/h reduzierte Höchstgeschwindigkeit der Personenzüge bot von Anfang an Anlass zur Kritik. Für die 110 km Gesamtstrecke benötigten die Züge etwa vier Stunden Fahrtzeit. In einem Schreiben des Verkehrsvereins Borken an den Regierungspräsidenten in Münster vom 21. März 1932 heißt es, die Strecke schlängle sich wie eine Schlange durch die Gegend und nehme jedes Dorf und jeden Ort mit, der nur irgendwie, auch unter Umwegen von mehreren Kilometern, erreicht werden könne. Die Verbindung sei infolge ihrer Linienführung, des kleinbahnähnlichen Betriebes und der geringen Fahrgeschwindigkeit unzulänglich und rückständig und „in ihrem jetzigen Zustand … der Konkurrenz des Kraftwagens nicht mehr gewachsen".

1935 wird in einem Zeitungsbericht moniert, dass man von Bocholt aus mit dem Auto eine Stunde schneller in Münster sei als mit der Bahn. Der Volksmund habe den Zügen nach Münster bereits die wenig schmeichelhaften Bezeichnung „Heideexpress" und „Baumbergeexpress" gegeben.

Dabei schien eine etwas höhere Geschwindigkeit durchaus möglich. Während der Besetzung des Ruhrgebietes durch belgische und französische Truppen vom Januar 1923 bis November 1924 waren viele Güterzüge über die nicht betroffene Strecke von Empel nach Münster umgeleitet worden. Um die Durchlässigkeit zu gewährleisten und die Kapazität zu erhöhen, wurde hierfür die Geschwindigkeit der Personenzüge auf 50 km/h erhöht. Nach Beendigung der Besetzung wurde diese Maßnahme aber sofort wieder rückgängig gemacht.

Güterverkehr in alle Richtungen

Mit der Inbetriebnahme der Strecke Empel – Münster stieg Coesfeld zum wichtigsten Eisenbahnknoten im westlichen Münsterland auf. Mit Ausnahme einiger weniger durchgehender Güterzüge wurde alle anderen Eil-, Vieh- und Güterzüge in Coesfeld aufgeteilt und neu zusammengestellt.

In den 1930er Jahren zählte der Güterbahnhof zu den größten in der Reichsbahndirektion Münster. Vorhanden waren zwei Rangiergruppen und ein Ablaufberg. Damals wurden täglich 35 Güterzüge rangierdienstlich behandelt. Der Bahnhof besaß eine Leistungsfähigkeit von täglich 1100 Waggons. 1935 lag die tatsächliche Leistung bei immerhin 850 Wagen pro Tag.

Durchgangsgüterzüge verbanden den Bahnhof Coesfeld mit den Rangierbahnhöfen Gronau, Gelsenkirchen-Bismarck, Osterfeld-Süd Vbf und Rheine R. Den größten Teil der in Coesfeld beginnenden und endenden Güterzüge machten aber Nahgüterzüge aus. Sie übernahmen die Zustellung und Abholung der Güter auf den einzelnen Stationen. Von Coesfeld aus fuhren Nahgüterzüge nach Empel, Dortmund-Eving, Dorsten, Gronau, Münster und Rheine R sowie in der jeweiligen Gegenrichtung.

Zentraler Umschlagplatz für den Wagenladungs- und Stückgutverkehr auf den einzelnen Stationen waren die Ladegleise, die Rampen und die Güterschuppen. Bahnamtliche Rollfuhrunternehmer sorgten für die Verteilung in der Fläche. An den Ladestraßen wurden Lagerplätze vermietet. Zwischengelagert wurden hier z.B. Wegebaustoffe, Stammholz, Grubenholz, Baumaterial etc.

Die bei Windhoff in Rheine gebaute Kö 0091 wurde 1934 Velen zugeteilt. Bei ihrer Übergabe entstand die Aufnahme oben mit den Bediensten des Bahnhofes. Bis 1952 wurde die im Bw Coesfeld beheimatete Lok in den Bahnhöfen Velen und Ramsdorf eingesetzt. Die Aufnahme unten aus Havixbeck entstand ganz sicher erst nach Dienstschluss... Bahnhofswirt Jans Egbert schenkt ein und der Sohn des Bahnhofvorstehers schaut interessiert zu.

Stadtarchiv Gescher (oben), Slg. Heribert Lülf

Pünktlich zum Katholikentag 1930 war der Bahnhof in Münster modernisiert worden. Erstmals trug er nun auch offiziell die Bezeichnung „Hauptbahnhof".

Slg. Richard Vespermann

Am Anfang hatte nur die Isselburger Hütte einen eigenen Gleisanschluss erhalten. Alle anderen Betriebe mussten Rohstoffe und Fertigprodukte zwischen Werk und Bahnhof transportieren.

Von der neuen Strecke profitierten nicht nur die bereits bestehenden Betriebe. In der Folgezeit wurden an verschiedenen Orten auch neue Firmen gegründet, u.a. Spinnereien und Webereien und Ziegeleien. Der riesige Bedarf an Milch und Fleisch im nahen Ruhrgebiet bot zudem neue Absatzmöglichkeiten. Überall entstanden auf privater oder genossenschaftlicher Basis Molkereien. Milch und Milchprodukte konnten an der Ladestraße in Kühlwagen umgeschlagen und noch am gleichen Tag ins Ruhrgebiet versandt werden. Schlachtvieh wurde samstags an der Rampe in Viehwaggons verladen, sodass das Vieh am frühen Montagmorgen die Schlachthäuser im Ruhrgebiet erreichte.

Für den Bahnhof Gescher liegen Statistiken aus den 1920er Jahren vor. Sie belegen einer kontinuierliche Zunahme der Frachtmengen. Zwischen 1924 und 1926 stieg die Wagenladungstonnage im Empfang von 34.000t auf über 40.000t. 1926 wurden 300 Stück Großvieh empfangen und fast 2000 Stück versandt.

Zug- und Rangierbebewegungen nahmen rapide zu, vor allen in den Knotenbahnhöfen. Die Städte beklagten sich immer häufiger über die Behinderung des Straßenverkehrs durch zu lang geschlossene Schranken. Die Eisenbahnverwaltung sah sich deshalb genötigt, in Bocholt Fußgängerbrücken an der Industriestraße und an der Kaiser-Wilhelm-Straße zu errichten. In Borken wurde 1904 ein Fußgängertunnel an der Gemener Straße angelegt. Und in Havixbeck sollte 1931 eine zweite Schrankenwinde an der Straße ein schnelleres Rangieren ermöglichen.

Um dem steigenden Bedarf gerecht zu werden, investierte die Eisenbahnverwaltung in die Verlängerung und den Neubau von Ladegleisen, den Ausbau von Ladestraßen und die Vergrößerung von Güterschuppen.

Bis in die 1960er Jahre war auch in Billerbeck eine Kleinlok beheimatet.

Quebe/ LWL Industriemuseum Dortmund

Kleinloks für schnelleren Güterverkehr

Seit den 1920er Jahren war man bemüht, die Nahgüterzüge (Sammler- und Verteilerzüge) zu beschleunigen. Die Reichsbahndirektion Münster unternahm deshalb ab 1929 Versuche mit sog. „örtlichen Rangiermitteln", Kleinlokomotiven von 25-60 PS. 1934 waren in der Direktion Münster bereits 42 Kleinlokomotiven stationiert, u.a. in Isselburg-Anholt, Rhede, Velen, Gescher und Billerbeck. Auf diesen Stationen wurden Kleinlokschuppen gebaut und örtliche Mitarbeiter in die Bedienung der Maschinen eingewiesen.

Durch den Einsatz der Köf (= **K**leinlok mit **Ö**lmotor und **F**lüssigkeitsgetriebe) konnten die Güterzüge von Rangierarbeiten befreit werden. Auf den Bahnhöfen benötigten sie jeweils lediglich noch 5-10 Minuten zum An- und Absetzen von Wagen. In einer Jubiläumsschrift zum 40jährigen Bestehen der Reichsbahndirektion Münster im Jahre 1935 wird stolz vermerkt, dass die durchschnittliche Geschwindigkeit der Nahgüterzüge von 7 km/h (1927) auf 17 km/h (1934) erhöht werden konnte.

Gleichzeitig wurden ab März 1934 aber schon Lastkraftwagen zur beschleunigten Beförderung von Stückgut eingesetzt.

Die Isselburger Hütte erweiterte kontinuierlich ihren Gleisanschluss zunächst um ein zweites, 1932, nach Überwindung der Weltwirtschaftskrise, um ein drittes Gleis.

Auch die VEW in Mecklenbeck erhielt einen Gleisanschluss.

Weniger Glück hatten die Bombecker mit ihrer Ladestelle. Laut Schreiben der Reichsbahndirektion Münster an den Landrat von Coesfeld seien vor Ausbruch des Ersten Weltkrieges noch über 100 Waggons jährlich in Bombeck abgefertigt worden. 1926 waren es immerhin noch 46, 1927 noch 18 und 1928 schließlich ganze vier Waggons. Die Unterhaltungskosten verschlängen ein Mehrfaches der Einnahmen und man erwäge deshalb, die Ladestelle aufzuheben. Auch die Einwände der Bombecker und des Amtes Billerbeck konnten nicht verhindern, dass die Ladestelle schließlich zum 1. Mai 1930 geschlossen wurde.

Die Eisenbahn im Krieg

Die Strecke Empel – Münster hatte keine strategische Bedeutung. Die kurvenreiche Streckenführung und die niedrige Geschwindigkeit machten sie für die deutschen Überfälle auf Belgien und Frankreich im Ersten Weltkrieg und auf die Niederlande im Zweiten Weltkrieg uninteressant. Aber auch im westlichen Münsterland waren die kriegsbedingten Einschränkungen im Eisenbahnverkehr zu spüren. In beiden Weltkriegen wurde der Personenverkehr auf ein Mindestmaß reduziert. Um überflüssiges Reisen zu verhindern, wurden alle Fahrpreisermäßigungen gestrichen. Bewirtschaftungsverordnungen senkten die Produktion von nicht kriegswichtigen Gütern und führten somit automatisch auch zu einem rückläufigen Güteraufkommen.

Während die Kriegshandlungen 1914-18 außerhalb der deutschen Reichsgrenzen stattfanden und die heimische Bevölkerung vor allem durch die Verwundeten- und Todesmeldungen von den Fronten, die zunehmende Verknappung von Lebensmitteln und schließlich den Hunger betroffen waren, wurde Deutschland in den letzten Jahren des Zweiten Weltkrieges selbst zum Schauplatz des Krieges.

Zunächst wurde wieder der Personenverkehr eingeschränkt. „Erst siegen, dann reisen!“ wurde propagiert. Überflüssiges Reisen war zu vermeiden, denn „Räder müssen rollen für den Sieg“, wie noch in den 80er Jahren trotz Übermalung am Bocholter Lokschuppen zu lesen war.

Doch gab es auch Ausnahmen. Im Billerbecker Stadtarchiv hat sich ein Fernspruch der Regierung in Münster vom 16. Juli 1944 erhalten, nachdem auf „Führeranordnung“ die Bayreuther Festspiele stattfinden und „hierzu Eingeladenen Reisebescheinigungen zu erteilen“ sind. Es wird auch nicht vergessen darauf hinzuweisen, dass das Stattfinden der Festspiele geheim zu halten ist.

Dem zunehmenden Wagenmangel bei der Reichsbahn versuchte man mit Anordnungen zur sofortigen Entladung und sofortigen Rücksendung von Waggons entgegenzuwirken.

Ab 1942 galt auch in Billerbeck „Räder müssen rollen für den Sieg!“ Die meisten jungen Eisenbahner waren bereits im Krieg.

Slg. Heribert Lülf

Mit „Rücksicht auf die Treibstoff- und Reifenlage sowie aus Personalmangel“ wurde die Lastkraftwagenlinie der Reichsbahn zwischen Münster und Coesfeld zum 17. Mai 1942 aufgehoben.

In den Bahnhöfen Billerbeck und Havixbeck wurde Treibstoff für die sogenannte „V2“ verladen, die in der näheren Umgebung zum Abschuss kamen.

Ab 1944 nahm der Beschuss von Personen- und Güterzügen durch die Tiefflieger der Alliierten zu. Am 18. Oktober 1944 wurde bei einem solchen Angriff bei Ramsdorf der Lokführer Carl Wolf aus Coesfeld schwer verletzt. Beim Beschuss eines mit mehreren hundert niederländischen Zwangsarbeitern besetzten Zuges im Bahnhof Werth am 3. Dezember 1944 wurden 20 Männer getötet und viele zum Teil schwer verletzt.

Zum Kriegsende lagen die Innenstädte von Bocholt, Borken, Coesfeld und Münster in Schutt und Asche. 70-80 % der Gebäude waren vernichtet. Besonders die Bahnanlagen waren immer wieder Ziel der Bombardierungen gewesen.

Im Frühjahr 1945 brannte das Empfangsgebäude in Empel aus. Der Wasserturm erlitt erhebliche Schäden durch

Artilleriebeschuss. In Isselburg ging der Schuppen der Kleinbahn komplett verloren. Der Betrieb wurde nach Kriegsende nicht wieder aufgenommen. In Borken wurden fast alle Hochbauten der Reichsbahn und der Westfälischen Landeseisenbahn ein Opfer der Bomben.

Coesfeld war bereits seit Oktober 1943 Ziel von Luftangriffen. Das halbe Bahnhofsgebäude, der Güterschuppen, die Bahnsteigüberdachungen und das Betriebsamt wurden zerstört. Münster war über hundert Mal das Ziel von Luftangriffen. Gegen Kriegsende waren im Bahnhofsbereich fast alle Hochbauten und bis zu 80 % aller Gleisanlagen zerstört. Hinzu kamen die beim Rückzug von der Wehrmacht verursachten Zerstörungen wie die Sprengung der Brücke über die Issel in Isselburg oder die Sprengung des Stellwerkes in Rhede.

In Coesfeld verloren bei Luftangriffen über 80 Eisenbahner und Zwangsarbeiter der Reichsbahn ihr Leben. Fast alle Hochbauten und Gleisanlagen, 25 Lokomotiven und 865 Waggons wurden zerstört.

Slg. P. Dr. Daniel Hörnemann

Royal Engineers rücken an

Sofort nach Beendigung der Kriegshandlungen begannen englische Eisenbahntruppen (Royal Engineers) mit dem Wiederaufbau der Infrastruktur. Seit dem 14. April 1945 durften in den befreiten Gebieten auch wieder deutsche Eisenbahner tätig werden. Nach provisorischer Wiederherstellung der Gleise und der Sicherungsanlagen konnte der durchgehende Personen- und Güterverkehr am 1. August 1945 aufgenommen werden. Zwischen Empel und Münster verkehrten zunächst ein Personenzugpaar sowie ein Güterzugpaar mit Personenbeförderung. Hinzu kam noch ein Personenzugpaar, das nur auf dem Abschnitt Coesfeld – Münster fuhr. Für die Gesamtstrecke benötigte der Personenzug drei Stunden und 24 Minuten und der Güterzug mit Personenbeförderung ganze sieben Stunden und 15 Minuten! Die Züge fuhren ausschließlich an Werktagen und führten nur die 3. Wagenklasse.

Im Oktober 1947 verkehrten auf dem Abschnitt Empel – Bocholt bereits wieder vier Zugpaare, zwischen Bocholt und Borken fünf Zugpaare, zwischen Borken und Coesfeld vier Zugpaare und zwischen Coesfeld und Münster fünf Zugpaare. Im Mai 1949 fuhren neun Zugpaare zwischen Empel und Bocholt, stattliche 17 Zugpaare zwischen Bocholt und Borken (teilweise weiter bis Wanne-Eickel und zurück) und sieben Zugpaare zwischen Borken und Münster. Der schnellste Zug benötigte für die Strecke Empel - Münster zwei Stunden und 28 Minuten.

Nach den Zerstörungen im Zweiten Weltkrieg erhielt Borken ein stattliches neues Empfangsgebäude, einer Kreisstadt durchaus angemessen.

LWL Industriemuseum Dortmund

Wiederaufbau

Während der Zugverkehr bald nach Kriegsende wieder aufgenommen werden konnte, zog sich der Wiederaufbau der Hochbauten über ein Jahrzehnt hin. Zu groß waren die Zerstörungen, zu hoch die erforderlichen Investitionen.

In Empel entstand an Stelle des stattlichen Empfangsgebäudes ein einfacher, eingeschossiger Backsteinbau mit Güterschuppen. Der schwer beschädigte Wasserturm wurde abgebrochen.

Die Hochbauten im Bocholter Bahnhof hatten den Krieg glimpflich überstanden. Für den Neubau eines Stellwerkes wurden noch in den 1950er Jahren öffentliche Mittel beantragt.

In Borken mussten das Empfangsgebäude, die Güter- und Zollhalle und das Stellwerk an der Gemener Straße neu errichtet werden. Die Inbetriebnahme des Bahnhofsgebäudes erfolgte zeitgleich mit Empel am 5. September 1952.

Wegen der umfangreichen Zerstörungen zog sich der Wiederaufbau im Bahnhof Coesfeld am längsten hin. 1947 wurde ein Gebäude an der Rekener Straße errichtet. Genutzt wurde es zunächst als Dienstgebäude des Betriebsamtes Coesfeld und ab 1955 dann als Stellwerk „Cn".

Erst 1955 folgten das Stellwerk „Cs" gegenüber dem Bahnbetriebswerk, der Nordflügel des Empfangsgebäudes und der Schrankenposten 32 an der Borkener Straße, 1958

im Bau der halterhalle in rken hatte man ch mit der Wieraufnahme des rsonenverkehrs die Niederlande rechnet.

LWL Industriemuseum Dortmund

die Güterabfertigung und 1959 der Südflügel des Empfangsgebäudes und die Bahnsteigüberdachungen.

Für den Hauptbahnhof Münster war 1949 eine Zerstörunsquote von über 80 Prozent ermittelt worden. Das neue Empfangsgebäude entstand zwischen 1954 und 1955 in mehreren Abschnitten. Die Bahnsteighallen hatten die Bombardierungen vergleichsweise unbeschadet überstanden, wurden jedoch Mitte der 50er Jahre durch geschwungene Betonbahnsteigdächer ersetzt.

Was vor dem Krieg noch undenkbar schien, wurde jetzt möglich: Die Züge der Westfälischen Landeseisenbahn konnten sowohl in Borken (1951) als auch in Münster (1949) in die Staatsbahnhöfe einfahren. Im westlichen Münsterland ergab sich damit erstmals die Möglichkeit, einen durchgehenden Zug von der Grafschaft Bentheim bis ins Rheinland zu führen. Der sogenannte „Grenzland-Express" befuhr dabei Gleise der Bundesbahn, der Bentheimer Eisenbahn und der Westfälischen Landeseisenbahn.

In Borken hoffte man auch auf eine Wiederaufnahme des Zugverkehrs nach Winterswijk und hatte das Empfangsgebäude und die Bahnsteige entsprechend großzügig ausgebaut. Doch diese Pläne ließen sich nicht mehr verwirklichen.

Personen- und Güterverkehr befanden sich in rapidem Wandel. Der Fernverkehr auf der Schiene konzentrierte sich auf einige wenige Strecken. Der Personennahverkehr litt unter dem zunehmenden Individualverkehr. Und mit der Aufhebung des Lizenz-Zwanges für den LKW-Verkehr im Jahre 1954 erwuchs auch dem Güterverkehr auf der Schiene zunehmende Konkurrenz.

Ganze fünf Jahre zog sich der Wiederaufbau des Bahnhofs- und Direktionsgebäudes in Münster hin. Anstelle der Straßenbahn verkehrten ab 1954 O-Busse. Slg. Heribert Lülf

Bahnhofsgaststätten erfreuten sich noch lange bei Reisenden wie Einheimischen großer Beliebtheit, und noch immer gab es Gasträume getrennt in Klassen; an bedeutenden Bahnhöfen gab es sogar Hotels und Konferenzräume. Die drei Aufnahmen des Bundesbahn-Fotografen auf dieser Seite entstanden alle 1959 im soeben erst wiederaufgebauten Bahnhofsgebäude von Coesfeld. LWL Industriemuseum Dortmund (3)

Beim 1959 abgeschlossenen Wiederaufbau erhielt das Coesfelder Empfangsgebäude neue Flügelbauten, einer nahm das Bahnhofshotel auf. Auch die Güterabfertigung und die Bahnmeisterei entstanden komplett neu. Die Aufnahme rechts unten zeigt einen Zug der Relation Münster – Coesfeld im Frühjahr 1971, die beiden hier zu sehenden Gleise sind inzwischen durch eine Busspur ersetzt worden.

LWL Industriemuseum Dortmund (3), Evert Heusinkveld

Der Eisenbahnraub

Im Mai 1950 wird ein Bauer aus Lutum um Hilfe gebeten. Ein Mann berichtet, er habe sich mit seinem PKW im Wald festgefahren und komme alleine nicht mehr frei. Der Bauer schickt seinen Sohn mit einem Pferd zu Hilfe. Die Unglücksstelle liegt mitten im Wald. Mehrere Personen sind offensichtlich dabei, den PKW der Marke „Wanderer" mit Stoffballen zu beladen. Dem Jungbauern kommt die Situation verdächtig vor. Er merkt sich das Fahrzeugkennzeichen und erstattet bei der örtlichen Polizeidienststelle Bericht. Mit dieser Panne im Wald endete eine Diebstahlserie, die fast zwei Jahre zuvor begonnen hatte.

Die Coesfelder Allgemeine Zeitung berichtete in ihren Ausgaben vom 15., 21. und 26. September 1950 ausführlich über den Tathergang, die Täter, die Ermittlungen, das Gerichtsverfahren und das Urteil, das die II. Strafkammer des Landgerichtes Münster fällte. Auffallend ist, dass nicht nur der Name des Verdächtigen in den Berichten genannt wird, sondern auch, vielleicht nicht ohne Häme, seine Herkunft und seine Vermögensangelegenheiten.

Haupttäter war ein 32jähriger Mann aus Coesfeld, der von der Zeitung als „gebürtiger Pole" bezeichnet wird. Freiwillig habe er sich 1943 zum „Arbeitsdienst im Reich" gemeldet und Arbeit bei der Bahn in Coesfeld gefunden. Er wurde zur Wehrmacht eingezogen und geriet in Kriegsgefangenschaft. Nach seiner Rückkehr wurde er bei der Bahn als Lagerarbeiter eingestellt, zunächst am Bahnhof Ahaus, ab 1948 wieder in Coesfeld und ab April 1950 in Münster.

Die Ermittlungen ergaben folgenden Tathergang: Zwischen Oktober 1948 und Mai 1950 verschwanden auf der Strecke Coesfeld - Münster größere Mengen von Stückgütern aus den Güterzügen, vor allem Stoffballen, einmal sogar eine Waschmaschine. Der Gesamtwert der verlustig gegangenen Transportgüter wurde später von der Strafkammer auf 160.000 Mark geschätzt.

Vergeblich hatte die Bahnpolizei versucht, die Täter zu fassen. Mehrmals waren uniformierte Beamte in den Güterzügen mitgefahren. Auch erfolgten Nachteinsätze am Streckenabschnitt zwischen Lutum und Billerbeck, den man inzwischen als Tatort vermutete. Aber alle Bemühungen blieben erfolglos. Bis zu jenem Tag im Mai 1950, als der Jungbauer Verdacht schöpfte.

Man fand heraus, dass die Güter immer in der Nähe des Bahnkilometers 79,9 aus dem Zug geworfen wurden. In einem benachbarten Wald wurde das Diebesgut versteckt, umverpackt und zum größten Teil als Expressgut mit der Bahn nach Wuppertal an Hehler verschickt. Die Täter vertrauten offensichtlich der Bahn!

Im Haus des Hauptverdächtigen in Coesfeld (die Zeitung unterlässt es nicht, darauf hinzuweisen, dass es sich um einen Neubau handelte) fand sich Diebesgut in einem verborgenen Kellerraum, der nur durch eine unter einem Schrank versteckte Luke betreten werden konnte.

Am 19. September 1950 begann die Verhandlung vor dem Landgericht in Münster. Angeklagt waren der Ladearbeiter, seine Ehefrau und sieben weitere Männer und Frauen, die als Helfer und Hehler verdächtigt wurden.

Der Haupttäter stritt alle Vorwürfe ab. Laut Zeitungsbericht „spielte er auf der Anklagebank, auf die er mit seiner Eisenbahneruniform saß, den unbekümmerten und unschuldigen Mann".

Doch die Beweislast war erdrückend. Die II. Strafkammer verurteilte den Haupttäter zu drei Jahren und vier Monaten Zuchthaus und drei Jahren Ehrverlust wegen fortgesetztem schweren Diebstahls, Gewahrsamsbruch und schwerer Amtsunterschlagung.

Seine Ehefrau wurde wegen Hehlerei zu 15 Monaten Gefängnis verurteilt.

Der Wanderer-Kraftwagen, der für den Transport des Diebesgutes benutzt worden war, wurde beschlagnahmt.

Rückzug aus der Region

Die zunehmende Konkurrenz durch den Individualverkehr und die Verlagerung des Güterverkehrs auf die Straße verursachten ein immer größeres Defizit bei der jungen Bundesbahn.

Im Westmünsterland, im Achterhoek und in der Twente kam die bereits Ende der 1950er Jahre einsetzende Krise in der Textilindustrie noch hinzu. Es bestand dringender Handlungsbedarf.

Die Bundesbahndirektion Münster schuf daher 1951 erstmals den Dienstposten eines „Nebenbahn-Dozenten“, der die Nebenbahnstrecken auf ihre Wirtschaftlichkeit hin untersuchen sollte.

Die betreffenden Strecken wurden hinsichtlich ihrer Bedeutung im Personenverkehr in drei Gruppen unterteilt. Zur Gruppe I wurden Strecken mit unbedeutendem Reiseverkehr gezählt, der langfristig komplett von der Schiene auf die Straße verlagert werden sollte. Die Strecken der Gruppe II hatten zumindestens noch eine beschränkte Bedeutung für den Schüler- und Berufsverkehr. 1956 zählte dazu auch der Abschnitt Empel-Rees – Bocholt. Für Strecken dieser Gruppe sahen die Planungen vor, den Reiseverkehr größtenteils auf die Strasse zu verlegen und nur noch Schüler- und Berufsverkehr auf der Schiene durchzuführen. Zur Gruppe III mit beträchtlichem Reiseverkehr wurde der Streckenabschnitt Coesfeld - Münster gerechnet.

Über mehrere Jahre wurden systematisch Einnahmen, Ausgaben, Betriebs- und Verkehrsleistungen ermittelt. Die von Jahr zu Jahr zunehmenden Defizite zwangen die Bundesbahn zu Rationalisierungsmaßnahmen auf allen Ebenen.

Die Anzahl der Dienststellen wurde schrittweise reduziert: Bereits 1947 wurde der Bahnhof Tilbeck dem Bahnhof Havixbeck unterstellt, 1954 der Bahnhof Lutum dem Bahnhof Coesfeld und der Bahnhof Roxel dem Bahnhof Mecklenbeck, 1966 der Bahnhof Ramsdorf und 1967 der Bahnhof Velen dem Bahnhof Gescher, 1968 der Bahnhof Havixbeck dem Bahnhof Billerbeck, 1969 der Bahnhof Isselburg-An-

Während eines nachmittäglichen Spazierganges im Juli 1956 entstand diese Aufnahme zwischen Isselburg-Anholt und Vehlingen. Die Dampflokomotive 56 2194, Baujahr 1921, gehörte damals zum Bw Gronau. 1959 wurde sie ausgemustert. Friedrich Stege

Ob bei der Ausbildung von Jungwerkern, an der Bahnsteigsperre oder am Zug: Viel zu tun gab es damals für die Eisenbahner vor Ort, hier in Mecklenbeck. Slg. Marianne Beckmann (3)

holt dem Bahnhof Coesfeld, 1973 der Bahnhof Gescher und 1976 der Bahnhof Billerbeck dem Bahnhof Coesfeld, 1976 der Bahnhof Rhede dem Bahnhof Coesfeld und der Bahnhof Mecklenbeck dem Bahnhof Münster. Bereits 1966 waren Roxel und Werth, 1975 Lutum in unbesetzte Haltepunkte umgewandelt worden.

Auch die Bahnmeistereien wurden sukzessive aufgelöst bzw. mit anderen Bahnmeistereien vereinigt. Bereits 1946 wurde die Bm in Borken der Bm in Gescher angeschlossen. Diese wurde gemeinsam mit der Bm in Billerbeck 1953 mit der Bm Coesfeld vereinigt. Von den ursprünglich um 1905 vorhandenen jeweils vier Bahnmeistereien in Bocholt und Coesfeld wurden die letzte 1973 bzw. 1984 aufgelöst.

In den Unterhalt der Strecke wurde zunächst noch investiert. 1957/58 wurde der gesamte Oberbau des Abschnittes Bocholt – Rhede mit Betonschwellen und schwerem Schienenprofil erneuert.

Die an der Baumbergebahn vorhandenen vier Schrankenposten wurden nach und nach durch automatische Lichtzeichen-/Schrankenanlagen ersetzt (1955 P 1 in Lutum, 1961 P 3 in Bombeck 1967 P 4 in Mecklenbeck, 1985 P 2 in Billerbeck), andere Bahnübergänge, oft nach schweren Unfällen,

Bis zur Stadtgrenze von Bocholt verliefen die Strecken nach Winterswijk (hier rechts im Bild) und Münster parallel. 78 377 bespannt am 12. Mai 1966 den Zug 8375 nach Coesfeld, der neben zwei Umbaudreiachser-Pärchen auch noch drei Güterwagen mitführt.

Evert Heusinkveld

224 d Empel-Rees—Bocholt—Borken—Coesfeld—Münster

Empel-Rees–Bocholt–Coesfeld–Münster Nr 1224 d, Dülmen–Coesfeld–Billerbeck–Burgsteinfurt Nr 1224 c

km	ED Münster — Zug Nr / Klasse																					
							X1051 3.								X1071 T 3.						X1083 3.	
0,0	**Empel-Rees** ab	...	...	...	...	...	X6.17	...	...	...	...	...	...	...	...	...				...	X19.50	...
3,7	Vehlingen	...	...	...	...	...	6.22	...	...	...	...	...	...	...	...	...				...		...
6,2	Isselburg-Anholt	...	...	...	...	...	6.32	...	...	...	...	...	...	...	X13.35	...				...	20.05	...
10,2	Werth	...	...	...	...	...	6.38	...	...	...	...	...	...	...	13.41	...				...	20.11	...
14,0	Mussum	...	...	...	...	...	6.43	...	...	...	...	...	...	...	13.47	...				...		...
18,4	**Bocholt** an	...	...	...	...	...	X6.52	...	...	...	...	...	...	...	X13.54	...				...	X20.25	...
	Wesel 235 a ab	...	...	...	...	...	...	*7.16*	*7.16*	...	...	*†10.30*	...	...	*X12.57*	...	*14.21*	*X17.01*	*18.13*	*19.39*	...	...
	Bocholt 235 a an	...	...	...	...	...	...	*7.49*	*7.49*	...	...	*†11.03*	...	...	*X13.30*	...	*14.58*	*X17.34*	*18.45*	*20.12*	...	...
	Zug Nr / Klasse	1005 3.	1053 X 3.	†1055 3.	X1011 3.	1059 3.		1061 3.	ET 571 X 2. 3.	1065 3.		1069 3.	X1073 3.		X1075 3.	ET 573 X 2. 3.	X1077 2. 3.	1079 3.	1081 3.	†1085 3.	XT1087 2. 3.	1089 3.
18,4	**Bocholt** ab	4.31	...	†5.15	X5.38	5.56	(X7.00)	8.04	X**8.35**	...	(X12.00)	†12.12	...	(†13.30)	X13.58	X**14.22**	X15.56	17.37	18.47	†20.22	X21.09	22.14
25,1	Rhede (Kr Borken)	4.42	...	5.25	5.49	6.07		8.14	**8.46**	...		12.23	...		14.09		16.08	17.48	18.56	20.32	21.19	22.27
31,0	Rhedebrügge	4.50	...	5.33	5.59	6.20		8.22		...		12.32	...		14.17		16.16	17.56	19.05	20.41	21.28	22.36
37,4	**Borken** (Westf) 234 a an	5.00	...	†5.42	X6.08	6.29		8.32	**9.03**	...		12.42	...		X14.27	**14.47**	16.26	18.06	19.15	20.50	21.38	22.46
	Borken (Westf) 234 a ab	...	X5.05	...	...	6.38	siehe Strecke 1224 d	...	**9.05**	...	siehe Strecke 1224 d	12.45	X13.45	s Strecke 1224 d	...	**14.48**	16.27	18.12	...	20.51	21.39	†22.48
44,2	Ramsdorf		5.14			6.49		...		...		12.55	13.54		...		16.36	18.21	...	21.01	21.49	22.58
46,9	Velen	1091	5.20	1053	X1057	6.57		...	**9.20**	...		13.02	14.00		...		16.43	18.27	...	21.08	21.56	23.05
55,1	Gescher	X 2.3.	5.29	† 3.	3.	7.06		...	**9.29**	...		13.11	14.09		...	**15.09**	16.52	18.36	...	21.16	22.04	23.14
59,7	Klye	...	5.37	...	...	7.13		...		...		13.18	14.18		...		16.59	18.42	...	21.23		23.20
68,8	**Coesfeld** (W) an	...	X5.48	...	...	7.24		...	**9.46**	...		†13.29	X14.29	(†14.35)	...	**15.25**	17.10	18.53	...	21.34	22.23	†23.31
	Coesfeld (W) 224 a ab	X5.24	...	†5.57	X6.29	7.31		...	**9.53**	11.37		13.56	...	...	...	**15.26**	17.18	19.10	...	21.36	22.24	...
75,9	Lutum 224 a	5.35	...	6.05	6.37	7.39		...		11.49		14.05	...	...	...		17.27	19.19	...	21.47		...
81,8	**Billerbeck**	5.45	...	6.15	6.46	7.48		...	**10.10**	11.58		14.15	...	...	...	**15.42**	17.35	19.32	...	21.55	22.42	...
91,1	Havixbeck	6.00	...	6.29	7.00	7.59		...	**10.22**	12.10		14.27	...	...	...		17.47	19.44	...	22.07	22.55	...
94,8	Tilbeck	6.06	...	6.36	7.07	8.05		...		12.16		14.33	...	...	...		17.53	19.50	...	22.14	23.01	...
99,5	Roxel	6.12	...	6.44	7.14	8.11		...		12.23		14.40	...	...	...		18.01	19.57	...	22.21	23.08	...
103,8	Mecklenbeck 218	6.18	...	6.50	7.20			...		12.29		14.46	...	...	...		18.07	20.04	...	22.27	23.14	...
107,0	Geist	6.23	...	6.56	7.26			...		12.34			...	...	...		18 12	20.09	...	22.32		...
110,4	**Münster** (Westf) Hbf an	X6.28	...	†7.02	X7.32	8.25	(X9.02)	...	X**10.46**	12.39	(X14.25)	14 55	...	...	...	X**16.17**	X18.18	20.15	...	†22.37	X23.24	...

Am 1. XI. verkehren die Züge u Bahnbusse wie an Sonntagen

Seite 196

Strecke 224d im Winterkursbuch 1952/53. Durchgehende Züge zwischen Empel-Rees und Münster gab es keine.

Im Mai 1964 hielt zum letzten Mal ein Personenzug in Rhedebrügge. Bereits zuvor waren alle nicht mehr benötigten Gleise rückgebaut worden.
Bocholt-Borkener Volksblatt/Ludger Hecking

Linke Seite: Zug 3575 nach Münster hat am 9. März 1966 soeben den Bahnhof Bocholt verlassen (Nachschuss), eine alte Textilfabrik dominiert die Szenerie. Die Brücke im Hintergrund war früher zweigleisig, das linke der Gleise war das nach/von Winterswijk. Evert Heusinkveld

erstmals mit diesen Anlagen ausgestattet. Lediglich in Rhede war 1957 an der dortigen Lindenstraße noch ein neuer Schrankenposten in Betrieb genommen worden.

Im Zuge der Streckenelektrifizierung der Wanner Bahn erhielt der Bahnhof Mecklenbeck 1966 ein neues Empfangsgebäude und ein neues Gleisbildstellwerk, das die zwei alten mechanischen Stellwerke „Mef" und „Mo" ersetzte. „Mo" diente noch bis 1980 als „P 61" der Sicherung von zwei Bahnübergängen.

Das Empfangsgebäude in Havixbeck wurde 1974 abgerissen und durch einen schlichten Pavillon mit Stellwerk und Warteraum ersetzt.

Rückgang der Fahrgastzahlen

Der kontinuierliche Rückgang der Fahrgastzahlen wirkte sich auch auf die Anzahl der Haltepunkte und kleinen Bahnhöfe aus. Der unbesetzte Haltepunkt Vehlingen wurde 1958 aufgehoben. In Mussum hielten 1961 letztmalig Personenzüge, in Rhedebrügge und Klye 1964. 1966 folgten Geist, 1970 Tilbeck, 1982 dann auch Roxel. In Mecklenbeck endeten die Personenzughalte auf der Baumbergebahn ebenfalls im Jahre 1982, auf der Wanner Strecke dann im Jahre 1991.

Nicht mehr benötigte Kreuzungsgleise und Signalanlagen wurden zurückgebaut (z.B. 1967 in Klye und Roxel), leerstehende Gebäude (z.B. das Bahnhofsgebäude in Klye 1973, in Velen 1982 und die Stellwerke in Geist 1985) abgerissen.

Oben: Kurz vor Abbruch des Empfangsgebäudes in Havixbeck machte der ehemalige Bahnhofsvorsteher 1972 noch eine Aufnahme von „seinem" Bahnhof. Wilhelm Farwick
Rechts: Mit dem Ende des Dampfbetriebes wurden auch die Wassertürme entbehrlich. In Havixbeck wird der Turm bereits Anfang der 1960er Jahre abgebrochen. Josef Kiffmeier
Unten: Zwei Postbeamte auf dem Weg zum Bahnhof in Billerbeck. Bis 1953 wurden Briefe und Pakete mit der Bahn versandt. Slg. Peter Ilisch

In einem Beitrag zur Industriegeschichte des deutsch-niederländischen Grenzraumes wurde bereits 1958 konstatiert, dass im Zuge der verkehspolitisch notwendigen Konzentration der Bundesbahn auf Fern- und Massenverkehre der Schienenverkehr auf den Nebenbahnen „mehr ehrenhalber als ernsthaft" betrieben wird. Verkehrten auf dem Abschnitt Empel – Bocholt 1949 noch neun Zugpaare, waren es 1952 noch ganze zwei.

Die Bahn selber setzte verstärkt auf die eigenen Linienbusse. Vielen Fahrgästen galten sie attraktiver als die mit Dampfloks der Baureihen 24, 38, 56, 78 und 86 bespannten Personenzüge, die teilweise noch bis 1966 fuhren, oder die

Mit dem Zug nach Coesfeld beginnt 24 017 neben der nach Hamm ausfahrenden 03 167 im Juni 1957 im Hbf Münster ihre Reise. Die Baureihe 24 war von 1950 bis 1955 in Münster, bis Sommer 1960 auch in Gronau stationiert. Abgelöst wurden die 24er dort nicht zuletzt durch die pr. T 18, also die für die 1960er Jahre auf der Baumbergebahn typische 78er. Ludwig Rotthowe

Typisch für die Strecke Münster Coesfeld – Isselburg-Anholt war natürlich auch d Vorkriegstriebwa gen der Baureihe VT 60. Am 19. M 1964 hat Evert Heusinkveld den E 683 Isselburg-A holt - Münster b Isselburg fotografiert, geführt vom Steuerwage VS 145 124.

Vorkriegstriebwagen der Baureihe VT 60, die hier im Auslaufbetrieb bis 1971 eingesetzt wurden. Verkehrten 1959 auf der Strecke von Bocholt nach Coesfeld noch acht Zugpaare und vier Buspaare, waren es 1969 nur noch vier Zugpaare und bereits 15 Buspaare.

Zeitweise wurden auch moderne Schienenbusse vom Typ VT 95 und VT 98 und ab 1966 Triebwagen vom Typ VT 24 eingesetzt. Boten die einen jedoch in Hauptverkehrszeiten vor allem auf dem Abschnitt Coesfeld – Münster zu wenig Kapazität, waren die anderen für den Abschnitt Isselburg-Anholt – Coesfeld meistens überdimensioniert und wurden hier schnell wieder abgezogen. Von 1966 bis 1974 kamen überwiegend Akkutriebwagen der Baureihe ETA 515/815 zum Einsatz, zeitweise auch Dieselloks vom Typ V 100 mit drei- und vierachsigen Umbauwagen.

Im Güterverkehr konnte sich die Bahn zunächst noch behaupten. Die Isselburger Hütte nutzte nach wie vor ihren Gleisanschluss. In Werth wurden Lichtgitter, Zargen und Türen verladen. Eine Firma hatte sich 1952 extra in unmittelbarer Nähe des Bahnhofes angesiedelt. In Velen wurden weiterhin täglich mehrere Waggons mit Torf abgefertigt. Hinzu kam oft ein ganzer Stückgutwaggon mit Medikamenten. Die Firma Ruthmann verlud in Gescher Hubwagen, Steiger und Wechselbehälter. Der kleine Bahnhof Mecklenbeck entwi-

Während man in Gescher 1954 noch Probefahrten mit dem Culemeyer unternahm (hier bei der Einfahrt in das Werk Huesker), konnte man in Bocholt bereits auf 25 Jahre Straßenroller-Transporte zurückblicken.

Stadtarchiv Gescher/Slg. Verein zur Erhaltung und Förderung des Schienenverkehrs Bocholt

Bild unten: Bahnhofsvorsteher Beckmann beaufsichtigt das Entladen fabrikneuer VW in Mecklenbeck. Slg. Marianne Beckmann

ckelt sich ab 1962 zum Umschlagplatz für Neuwagen der Marken Volkswagen, Ford, BMW und Opel. Täglich wurden bis zu zehn Transportwagen entladen.1966 erhielt die Firma Stroetmann, ein Lebensmittelgroßhändler, einen Gleisanschluss vom Coesfelder Gleis aus, 1974 dann noch einen weiteren Anschluss vom Wanner Gleis. Der Güterverkehr nahm derartig zu, dass die Ladestraße und die Laderampe in Mecklenbeck 1967 grundlegend modernisiert werden mussten.

Die landwirtschaftlichen Genossenschaften in Velen und Gescher erhielten 1962 eigene Anschlussgleise. 1970 wurde die Expressgut-und Güterabfertigung in Bocholt neu gebaut.

Der Trend zur Verlagerung des Güterverkehrs auf die Straße war aber nicht mehr aufzuhalten. Vergeblich hatte man noch 1954 in Coesfeld und Gescher Probefahrten mit Culemeyer-Straßenrollern unternommen, um Kunden, die oft weit ab vom Bahnhof ihren Firmensitz hatten, als Kunden zu behalten oder auch neu zu gewinnen. Mit Verweis auf den

Zum 1. Juni 1975 endete die Gepäck- und Expressgutabfertigung in Billerbeck. Fahrdienstleiter Günter Heßling zeigt dem Fotografen des Billerbecker Anzeigers noch einmal, wie es geht.

Slg. Peter Ilisch

Auch das kam vor: In Billerbeck rammte 1960 ein Schienenbus einen Traktor-Anhänger.

LWL Industriemuseum Dortmund

Erinnerungen an meine Dienstzeit

von Reinhard Ahmann

Ein seltenes Zeitdokument sind die Erinnerungen des Havixbeckers Reinhard Ahmann an den Beginn seiner beruflichen Laufbahn als sog. „Jungwerker" bei der Deutschen Bundesbahn im Jahre 1958:

Gern erinnere ich mich an meine Dienstzeit auf den Bahnhöfen Havixbeck und Billerbeck: an Anton, Paul, Günther, Ludger, Karl-Heinz, Alfons, Klaus, Josef, Fritz und Willi; an die morgens im Dienstraum wartenden Eisenbahner; an die mit Trecker rangierenden Bauern, wenn sie auf Flachwagen Schotter bekamen und an der Kopframpe abluden; an das Beheizen der Weichen mit Briketts; an das Freischaufeln eines Triebwagens im Einschnitt zwischen der Bahnschranke und dem Bahnübergang im Esch; an die Gespräche mit Jagdpächtern über das zerfahrene Getier; an das Kirschen- und Birnenpflücken im Bahnhofsgarten; an das Schwellenwechseln im Bereich des Bombecker Bahnüberganges; an das Schotterklopfen unter die Schwellen zwischen Havixbeck und Tilbeck und die notwendigen Fahrten mit der Handhebeldraisine zum Arbeitsort; an die Pächter und Kunden der Bahnhofswirtschaft, an Soleier, Suppen und Kaffee; an die Inspektionen des Herrn Oberrat; an Fracht- und Expessgut, die vielen Filme und Wochenschauen für das Burgtheater; an die kleinen Betriebsfeste mit Tanz „rund um`s Stellwerk"; an die Fahrradkontrollen im Keller unter dem Güterschuppen; an die Busfahrer der Schulbusse und an so vieles mehr.

Loks der Baureihe 50 sind in den Baumbergen eher selten fotografiert worden: Hier führt 50 1014 im April 1964 einen Personenzug von Münster nach Coesfeld durch die Bauerschaft Poppenbeck.

Ludwig Rotthowe

1966 erhielt Mecklenbeck ein modernes Bahnhofsgebäude und ein neues Stellwerk. Die Großinvestition war aber der soeben elektrifizierten Magistrale ins Ruhrgebiet (Wanne-Eickel), nicht der Baumbergebahn geschuldet. LWL Industriemuseum Dortmund (3)

Am 26. Mai 1974 endete der Personenverkehr zwischen Isselburg-Anholt und Bocholt. Fünf Tage zuvor entstand dieses Foto, der frühmorgendliche (Alibi-) Zug von Bocholt ist gegen 6.50 Uhr angekommen und wird um 7.18 zurückfahren (sogar bis Coesfeld) – ansonsten fuhr hier nur noch der Bus.

Wolf-Dietmar Loos

Zustand der Straßen und Brücken wurden aber regelmäßige Transporte von Güterwaggons durch die zuständige Straßenverwaltung abgelehnt.

Lagerplätze an den Ladestraßen, in den 1920er und 1930er Jahren zur Zwischenlagerung von Baumaterialien und Schüttgütern noch heiß begehrt, wurden nicht mehr benötigt. Die bisherigen Nutzer versuchten, die Pachtkosten zu senken oder kündigten sofort ganz.

Über- und Unterführungen, die in Bocholt und Borken wegen starker Zug- und Rangierbewegungen Anfang des 20. Jahrhunderts gebaut worden waren, wurden überflüssig und abgebrochen (in Bocholt an der Industriestraße 1974 und an der Kaiser-Wilhelm-Str. 1978) bzw. verfüllt (in Borken 1979).

Die Kleinlokomotiven, die einst den Güter- und Rangierverkehr auf den Unterwegsstationen beschleunigen sollten, wurden 1966 entbehrlich und abgezogen. Die Kleinlokschuppen wurden, bis auf den in Billerbeck, abgebrochen.

Der zunehmende Bedeutungsverlust der Eisenbahn im Bewusstsein der Menschen in der Region wird auch an einem vielleicht winzigen Detail deutlich. Von jedem noch so kleinen Bahnhof gab es eine Ansichtskarte. Teilweise wurden die Karten schon vor Aufnahme des regulären Zugbetriebes hergestellt. Dabei war es dann unerheblich, ob ein Bauzug oder ein nachträglich eingezeichneter Zug abgebildet waren. Oft zeigten die Karten auch einen Gasthof oder einen Kolonialwarenladen, wo diese Karten zum Kauf angeboten wurden.

Ab den 50er Jahren gibt es nur noch ganz vereinzelt Postkarten mit Bahnhofsmotiven. An ihre Stelle treten jetzt Schulneubauten, Krankenhäuser und – erstmals im bis dahin weitgehend katholischen Münsterland – evangelische Kirchen.

Links: Der Akkutriebwagen hat am 4. Januar 1986 den Bahnübergang an der Welsingheide passiert und wird gleich in Mecklenbeck ankommen.

Richard Vespermann

Unten: Eine Köf III hat am 14. Februar 1991 einen Waggon für den Landhandel in Havixbeck zugestellt. Ein begehrtes Fotomotiv war auch der letzte altrot lackierte 624er-Triebkopf, hier bei der Zugkreuzung in Havixbeck am 15. August 1991.

Heribert Lülf (2)

Noch sichert Posten 2 den Bahnübergang an der Darfelder Straße in Billerbeck. Aber die Kabelkanäle für den Umbau liegen 1984 schon bereit.

Clemens Schröder

Viel Betrieb am Posten 33 an der Holtwicker Straße in Coesfeld: Während der Personenzug gleich sein Ziel erreicht hat, ist der abendliche Güterzug am 17. August 1978 noch fast eine Stunde bis Münster unterwegs.

Wolf-Dietmar Loos (2)

Der typischerweise von einer 78er geführte Personenzug nach Münster beginnt an einem späten Nachmittag des Jahres 1966 im Bahnhof Bocholt soeben seine Fahrt.

Hans Bones

Mit der 78er von Bocholt nach Münster

von Hans Bones

In einem Artikel für das Lok-Magazin erinnerte sich Hans Bones an eine Dampfzugfahrt von Bocholt nach Münster:

Wer damals, im Jahre 1964, in Bocholt wohnte und in Münster studierte, nahm, wenn das Semester begann, den Zug. Und das sah in etwa so aus:

Als einziger Dampfzug nach Münster ist der Personenzug 8375 geblieben. Er verlässt nach dem Winterfahrplan 1963/64 den Bahnhof Bocholt um 17.27 Uhr und erreicht den Zielbahnhof Münster um 19.55 Uhr. Seit Februar 1962 führt eine 78er diesen Zug, der aus vier Dreiachser-Umbauwagen und anfangs zusätzlich noch aus einigen Güterwagen besteht. Früher war diese Leistung von einer 38er des Bw Gronau gefahren worden. Der Traktionswechsel wird im Winterfahrplan 1961/62 vorgenommen, da in Bocholt die Drehscheibe einen Schaden erlitten hat, den die Bundesbahn nicht mehr repariert.

Durch das Bahnhofsgebäude aus der Zeit der Jahrhundertwende gelange ich auf den Bahnsteig. Bevor es die Treppen zur Unterführung hinab geht, passiere ich die Sperre, an der die Fahrkarten vorgezeigt werden müssen. Ja, damals kam man nicht so leicht und unkontrolliert auf Bahngelände!

Am Bahnsteig steht der Zug bereit. Rückwärts davor gespannt ist die 78 422. Sie wird eingesetzt von der Außenstelle des Bw Gronau, Coesfeld.

Unsere Lok ist am Morgen bereits um 6.07 mit dem Personenzug 3554 von Coesfeld hier eingetroffen. Nach ein paar Minuten Aufenthalt geht es weiter bis Isselburg-Anholt, von wo aus der Zug nach Umsetzen der Lok als P 3553 nach Bocholt zurück fährt. Hier nun verbleibt die Maschine den ganzen Tag über, wartet, bis die Stunde der Rückleistung nach Münster gekommen ist.

Jetzt steht diese Abfahrt bevor. Andere Reisende freuen sich keineswegs über die Fahrt mit dem Dampfzug, eher wird geschimpft über die „Bummelei" mit Halt an jeder Station und die zweieinhalbstündige Fahrt für die etwa 90 km lange Strecke bis Münster. Mir aber geht es anders, vergnüglich setze ich mich ans Fenster und spüre, daß diese schöne Reise im Dampfzug im besten Fall noch wenige Jahre möglich sein wird.

Nun ertönt das Gebimmel der Schranken an der Industriestraße; langsam senken sie sich und alsbald setzt sich unser Zug in Bewegung – wir fahren ab. Die Strecke hat etwas Gefälle, somit kommen wir schnell in Fahrt. Wer hätte sich damals vorgestellt, dass eine solche Bahnlinie mit ihren Signalanlagen wenige Jahrzehnte später verödet und abgebaut sein würde?

Das kräftige Pfeifen und das Bimmeln der Glocke...

Heute jedoch genießen wir die Fahrt. Schon bald nach der Abfahrt überqueren wir die Aa, den Fluss, der im Westmünsterland entspringt, durch die Städte Borken und Bocholt fließt und dahinter in die Issel mündet. Wir gewinnen an Geschwindigkeit, bald begleitet uns, in Fahrtrichtung gesehen, auf der linken Seite das Gleis nach Barlo, das nur noch für den Güterverkehr genutzt wird. Vor uns liegt der Stadtwald, und ehe wir ihn erreichen, biegt die Strecke in einem großen Bogen nach rechts in Richtung Osten ab. Häufig hören wir nun das kräftige Pfeifen der Maschine, hinzu gesellt sich das Bimmeln der Glocke, sind doch viele unbeschrankte Übergänge zu queren. Die Telegrafenmasten mit ihren Drähten sind ein steter Begleiter – kein Gedanke daran, dass auch ihre Tage gezählt sind.

Nach ein paar Minuten bereits ist die erste Station, der Bahnhof Rhede, erreicht. Verträumt wirken die leeren Gebäude im Abendsonnenlicht, hier kreuzten bis vor zwei Jahren noch zwei mit 78ern bespannte Dampfzüge – Züge, die damals schon wenig besetzt waren.

Durchs schöne und beschauliche Westmünsterland kommen wir über Rhedebrügge nach Borken. Dort steht auf einem Nachbargleis eine 78er vom Bw Wanne-Eickel mit einem Güterzug, den sie an unseren Zug rangiert – sehr zu meiner Freude, denn das Arbeiten der Lok wird von jetzt ab viel stärker sein. Ins-

gesamt sind es 18 Güterwagen, die angehängt werden und bis Coesfeld mitlaufen. Nach der Bremsprobe geht es um 18.04 Uhr weiter, kräftig sind die Auspuffschläge beim Anfahren, wir kommen gut in Fahrt.

Eine andere kleine Episode fällt mir ein, von einem alten Lokführer erzählt: Lange noch fuhren Personenzüge mit älteren preußischen Nassdampf-Tenderloks (T 11) – die Lokfüher nannten sie „Teckel" – von Bocholt nach Münster; in Borken bereits mussten sie Wasser nachfassen. Fragt der Aufsichtsbeamte, ob sie Wasser brauchen: „Water, wat brukt wi Water!" - so die verschmitzte Antwort - „Haupsache, wi hebbt noch`n Schnäpsken in`t Glas!"

Schön ist die Strecke von Ramsdorf nach Velen. Dort werden im Jahre 1963 umfangreiche Gleisarbeiten durchgeführt, zwei Arbeitszüge, bespannt mit einer 50er und einer 38er, sind gleichzeitig dort zu sehen, hinzu gesellt sich unser 78er mit ihrem Zug – ganz schön viel Verkehr in diesem kleinen Bahnhof. Nur kurz ist unser Aufenthalt, weiter geht es über den ebenso schönen Streckenabschnitt nach Gescher, dort steht auf dem Nachbargleis eine 78er ganz allein; sie fährt nach unserer Ankunft ab, denn das Gleis ist nun frei.

Ein kleines technisches Problem an der Dampflok, das zur damaligen Zeit noch vom Lokpersonal behoben werden konnte, ermöglichte diese Aufnahme am 22. Dezember 1962 im Bahnhof Lutum.

Hans Bones

„Klye, hier Klye!", ruft der Schaffner

Bald darauf sind wir in Klye. „Klye, hier Klye!", ruft der Schaffner. Nur zu leicht hätte man diesen kleinen Bahnhof nicht wahrgenommen, es wäre sehr schade gewesen. Was besonders in Erinnerung geblieben ist: Hielt der Zug auf einem der kleinen Landbahnhöfe im Münsterland, breitete sich eine wohltuende Stille aus, ein deutlicher Kontrast zum Fahrgeräusch des Zuges. Doch weiter geht es nach Coesfeld. An der Einfahrt zum Bahnhof hat unsere 78er schwer zu arbeiten, denn in einer leichten Steigung überquert unser Gleis die Strecke von Oberhausen nach Rheine. Danach geht es am Schuppen vorbei – ich sehe Loks der Baureihen 38, 78, 93 darin, an der Bekohlungsanlage steht eine 41er des Bw Rheine. Beim Weiterfahren zeigt sich eine 50er bei einer Rangierfahrt.

Wir halten um 18.50 im Bahnhof, bis zur Weiterfahrt um 19.03 Uhr ist genügend Zeit, die Güterwagen abzuhängen. Auch ein Lokwechsel ist fällig: Während zu Beginn der sechziger Jahre die 78er bis Münster durchläuft, übernimmt um 1964/65 eine andere 78er oder eine V 100 den Zug – wie schrecklich damals! Zum Glück bleiben wird davon verschont.

Flott geht es von Coesfeld aus weiter nach Lutum. Zwischen diesen beiden Bahnhöfen läuft die Strecke Oberhausen – Rheine parallel zu unserer Strecke nach Münster.

Nun geht die Fahrt in die Baumberge hinein, nach kurzer Zeit hat unser Zug einige „Schluchten" durchfahren und „kämpft" sich auf Billerbeck zu, das in großem Bogen teilweise umfahren wird. Wer erinnert sich noch an einen kalten Herbstabend, als der Gegenzug zwischen Havixbeck und Billerbeck wegen feuchtnasser Schienen liegen blieb und nicht mehr weiter fahren konnte? So erzählt ein früherer Bocholter Lokführer. Er muss in Billerbeck seinen „Teckel" abkuppeln und dem liegen geblieben Zug entgegen fahren, damit der mit vereinten Kräften bergauf nach Billerbeck gelangt. Die Reisenden des Zuges in Billerbeck, dessen Heizung wegen der abgekuppelten Lok schnell erkaltete, sollen mordsmäßig geschimpft haben. Vielleicht aber ist doch mancher unter ihnen, der die Ankunft des Gegenzuges mit den beiden hart arbeitenden Maschinen mit Spannung erwartet.

Hochbetrieb im Bahnbetriebswerk Münster – noch dampft es hier...

Hans Bones

Doch wir fahren weiter und verlassen das idyllische Billerbeck, Ruhe kehrt auf den Bahnhofsgleisen ein. Die Einschnitte, durch die die Strecke führt, geben bisweilen den Ausblick auf die liebliche Landschaft der Baumberge frei, aus der Ferne grüßen noch einmal die Türme des Billerbecker Doms.

Weiter geht es in flotter Fahrt, teils bergab, unsere 78er scheint sich zu freuen, dass das Ziel bald erreicht ist. In Havixbeck steigen immer schon eine Menge Leute ein und aus.

Langsam verlassen wir die Baumberge, es geht wieder ins flache Land, wir passieren Tilbeck, Roxel, Mecklenbeck – schon fahren wir parallel zur „Rollbahn", der Strecke Wanne-Eickel – Münster – Bremen – Hamburg. Wir durcheilen das Bahnhofsvorfeld, nehmen einen engen Bogen und biegen parallel zur Hammer Strecke in den Bahnhof ein. Pünktlich – die Zeit ist ja auch reichlich bemessen – nähern wir uns dem Gleis 1a mit seinem Prellbock, an dem die Fahrt zu Ende sein wird.

Nicht vergessen darf der interessierte Reisende den Blick aus dem Zugfenster zur rechten Seite, denn es gibt viel zu sehen im Güterbahnhof und im Bw Münster, jede Menge Dieselloks V 60, V 100, Schienenbusse und VT 60, sowie Wendeloks aus anderen Betriebswerken, 01 mit Altbau- und Neubaukessel, 03, 23, 38, 41, 44, 50, 78 und 93er – hier hat man immer Glück. Wie an jedem Tag steht nahe beim Schuppen eine 50er mit einem Gerätewagen.

Nun aber halten wir am niedrigen, nicht aufgestockten Bahnsteig vor dem Prellbock, der Lautsprecher meldet unsere Ankunft in Münster. Mit meinem Gepäck gehe ich langsam an der Lok vorbei, zwei zufriedene Männer freuen sich auf den Feierabend. Eine V 60 zieht die Wagengarnitur ab, unsere 78er dampft langsam ins Bw. Ich lenke meine Schritte Richtung Stadt.

224 d Isselburg-Anholt – Bocholt – Coesfeld – Münster (Westf)

🚌 siehe 2224/18 u 2234/1

km	BD Münster — Zug Nr / Klasse																						
	Zug Nr / Klasse					4101 ● 🚌			X4103 ● 🚌			X4107 ● 🚌	†4107 ● 🚌		X3553 1. 2.	4111 ● 🚌			4113 ● 🚌		4117 ● 🚌	X683 🚌	
	Empel-Rees 🚌 ab	...	...	...	...	...	...	...	X5.47	...	...	X 7.17	★	...	...	9.12	...	...	...	...	12.30	...	...
0,0	**Isselburg-Anholt** 🚌 ab	...	...	...	...	a4.58	...	...	X6.09	...	...		† 7.09	...	X 7.00	9.34	...	...	†10.54	...	12.50	X13.51	...
3,9	Werth	...	...	...	...		...	...		...	...			...	7.06		...	...		...		13.57	...
12,3	**Bocholt** 🚌 an	...	...	...	...	a5.25	...	...	X6.35	...	...	X 7.52	† 7.38	...	X 7.17	10.05	...	...	†11.25	...	13.16	X14.08	...
	Wesel 235a. 🚌 ab	...	...	...	...	X4.35	...	🚌	X6.10	...	...		6.55 🚌	X7.35	🚌	a9.35	8.50	a10.40 🚌		11.35	🚌 12.35	12.56	...
	Zug Nr / Klasse		X3551 🚃 ♟ 2.	X4401 🚌 ●	X3555 🚃	X3559 🚃 2.	X3557	X3559 🚃 2.	X4103 🚌 ◪●	3561 🚃 ♁ 2.	X4105 🚌 ●	X4107 🚌 ●	†687 🚃 2.	†E689 🚃 2.	X E681 🚃	X3563 🚃	†4111 /4411 🚌●	X4115 🚌 ●		3569 🚃 ♁ 2.	†4117 🚌 ●	X683 🚃	
12,3	**Bocholt** 🚌 ab	...	...	...	...	X5.30	...	...	X6.37	...	X 6.55	X 7.57	† 8.18	...	X **8.18**	X10.18	†10.06	X11.35	...	12.37	†13.20	X14.14	...
18,8	Rhede (Kr Borken)	...	...	...	...	5.38	...	...		...			8.26	...	**8.26**	10.27			...	12.46		14.27	...
24,6	Rhedebrügge	...	...	...	...	5.49	...	...	6.52	...	7.18	8.20	8.34	...		10.35	10.29	11.58	...	12.55	13.43	14.35	...
31,1	**Borken** (Westf) 234 a. 🚌 an	...	...	...	...	5.56	...	...	7.02	...	7.30	8.32	8.41	...	**8.41**	10.43	10.40	12.15	...	13.03	13.55	14.43	...
	ab	...	...	...	...	5.58	...	...	7.04	...	7.35	8.35	8.42	...	**8.42**	10.44	10.45	12.18	...	13.06	13.58	14.44	...
38,0	Ramsdorf	...	...	...	...	6.06	...	...		...			8.50	...		10.53			...	13.15		14.53	...
42,7	Velen	...	...	...	...	6.13	...	...		...			8.56	...	**8.56**	10.59			...	13.22		15.00	...
48,9	Gescher	...	...	...	...	6.22	...	...		...			9.04	...	**9.04**	11.08			...	13.30		15.09	...
53,5	Klye	...	...	...	...		...	...		...			9.10	...		11.14			...	13.40			...
62,9	**Coesfeld** (W) 224 a, c. 🚌 an	...	...	...	...	X6.37	...	...	X7.42	...	8.17	9.15	† 9.21	...	**9.21**	11.25	11.23	12.57	...	13.51	14.38	15.24	...
	ab	...	X5.12	X5 55	X6.13	...	X6.44	X7.20	...	7.47	8.25	9.18	...	†9.22	**9.22**	11.27	11.25	13.00	...	14.06	14.40	**15.25**	...
69,8	Lutum 224 c	...	5.20		X.21	...		7.32	...				...			11.35	11.38		...	14.15			...
75,7	Billerbeck	...	5.29		6.30	...	6.58	7.41	...	8.02			...	9.37	**9.37**	11.44			...	14.23		**15.39**	...
85,0	Havixbeck	...	5.42	6.33	6.43	...	7.11	7.53	...	8.13			...	9.48	**9.48**	11.56	12.07		...	14.35			...
88,8	Tilbeck	...	5.47		6.49	...		7.58	...				...						... ×	14.40			...
93,5	Roxel	...	5.54		6.56	...		8.04	...				...			12.06			...	14.47			...
97,9	Mecklenbeck 218	...	6.02	§	7.03	...			...				...			12.12	§		...	14.53			...
101,1	Geist	...	6.06		7.08	...			...				...						...	14.57			...
104,5	**Münster** (Westf) Hbf 🚌 an	...	X6.12	X7.06	X7.13	...	X7.33	X8.17	...	[1] 8 34	X 9.18	X10.20	...	†10.10	X**10.10**	X12.20	†12.40	X14.16	...	15.02	†15.35	X**16.09** [2]	...

BD Münster — Zug Nr / Klasse																	
Zug Nr / Klasse			4123 ● 🚌	4123 ● 🚌		4127 ● 🚌	4129 ● 🚌	4131 ● 🚌	4135 🚌 ●	†4135 ● 🚌			X4137 ● 🚌		4139	†4143 ● 🚌	
Empel-Rees 🚌 ab	...	...	Sa14.20	b14.50	...	Sa16.06	...	a17.25	a18.40	†18.40	...	...	X19.35	...	a20.04	†21.25	...
Isselburg-Anholt 🚌 ab	...	...	Sa14.40	b15.10	. .	Sa16.23	a17.15	a17.45	a18.49	†19.00	...	...	X19.55	...	a20.24	†21.45	...
Werth	...	...			...						...	...		...			...
Bocholt 🚌 an	...	...	Sa15.08	b15.38	...	Sa16.52	a17.43	a18.18	a19.17	†19.27	...	...	X20.30	...	a20.50	†22.16	...
Wesel 235a. 🚌 ab	...	🚌	*14.45*	...	***16.53***	...	***17.58***	...	...	***19.01***	🚌	*19.35*	...	...	***21.25***	.	...
Zug Nr / Klasse			3575 🚃 2.	†3577 🚃	3579 ○	X8375	X685 🚃 ‡			†4135 🚌 ●		†3585 🚃	X4137 X4437 ● 🚌		4141 🚌 ●	†4143 🚌 ●	
Bocholt 🚌 ab	...	...	X15.30	...	†17.27	X17.27	X18.36	...	...	†19.34	...	†20.28	X20.40	...	a22.00	†22.20	...
Rhede (Kr Borken)	...	...	15.40	...	17.40	17.40	18.45	...	...		...	20.37		...			...
Rhedebrügge	...	...	15.48	...	17.48	17.48	18.53	...	...	19.52	...	20.46	21.04	...	22.23	22.43	...
Borken (Westf) 234a. 🚌 an	...	...	15.55	...	17.56	17.56	19.01	...	...	†20.05	...	20.55	21.18	...	22.35	22.55	...
ab	...	♝	16.02	...	18.04	18.04	19.08	...	...	...	...	21.10	21.20	...	22.35	22.58	...
Ramsdorf	...	...	16.10	...	18.14	18.14	19.18	...	...	...	...	21.20		...			...
Velen	...	...	16 17	...	18.22	18.22	19.25	...	...	...	...	21.27		...			...
Gescher	...	...	16.25	...	18.31	18.31	19.34	...	...	...	...	21.36		...			...
Klye	...	...	16.31	...	18.38	18.38		...	...	...	...	21.43		...			...
Coesfeld (W) 224a, c. 🚌 an	...	...	16.42	...	†18 50	X18.50	19.52	...	...	...	...	21.55	22.00	...	a23.15	†23.38	...
ab	...	...	17.15	†17.38	19.03	↵	**20.20**	...	...	...	...	22.10	22.08	...	...	...	...
Lutum 224c	...	...	17.23	17.46		...		...	...	...	...	22.18		...	...	...	...
Billerbeck	...	...	17.32	17.56	19.17	...	**20.34**	...	...	...	...	22.26		...	...	...	...
Havixbeck	...	...	17.44	18.12	19.29	...	**20.46**	...	...	...	...	22.38	22.46	...	...	...	...
Tilbeck	...	...	17.49	18.17		...		...	...	...	...			...	...	...	...
Roxel	...	...	18.00	18.24	19.41	...		...	...	...	...	22.50		...	...	...	...
Mecklenbeck 218	...	...	18.06	18.31	19.47	...		...	...	...	...	22.56		...	...	...	...
Geist	...	...	18.11	18.36		...		...	...	...	...	×23.00		...	...	...	...
Münster (Westf) Hbf 🚌 an	...	...	X18.16	†18.41	19.55	...	X**21.07**	...	...	...	...	†23.06	X23.20	...	...	...	...

§ = Orts- und Zwischenbedienung Roxel-Münster ausgeschlossen
● = Bushaltestellen siehe 🚌 2224/18
★ = 🚌 beginnt in Anholt Omnibus Bf
a = X außer Sa
b = tägl außer Sa
d = nach †

Kein Anschluß an

[1] = E 728/730 n Dortmun[d]
[2] = 4351 nach Osnabrück
♟ = nach † 1. 2. Kl
♁ = † 🚃 1. 2. Kl
♝ = Sa 1. 2. Kl
‡ = Sa 🚃 2. Kl
○ = † 🚃 2. Kl Bocholt–Münster
◪ = nicht 22. VII. bis 31. VIII.

X Züge nicht 13. VI.
† Züge auch 13. VI.

Alle Züge führen die 1. und 2. Wagenklasse, Ausnahmen sind im Kopf der Zugspalte angegeben

Im Sommerkursbuch des Jahres 1963 dominiert zwischen Isselburg-Anholt und Bocholt bereits klar der Bus.

Stillgelegt in drei Akten

Der Personenverkehr auf der Strecke Empel-Rees – Bocholt wurde bereits Anfang der 1950er Jahre durch bahneigene Busse überwiegend auf die Straße verlagert. Zwischen Empel-Rees und Bocholt verkehrten nur noch an Werktagen zwei Zugpaare, eines in den frühen Morgenstunden und eines am Abend. Wohl für die Fahrschüler wurde mittags noch ein zusätzlicher Zug auf der Teilstrecke Isselburg-Anholt – Bocholt eingesetzt. Eine durchgehende Verbindung von Empel-Rees nach Münster gab es nicht mehr. Pläne aus dem Jahre 1957 für ein Eilzugpaar von Münster über Bocholt und Empel-Rees nach Arnheim kamen über das Planungsstadium nicht hinaus.

Vielleicht kam der Bundesbahn der geplante Bau der A3 von Oberhausen nach Arnheim gar nicht ungelegen. Ein Kreuzungsbauwerk in Höhe des bereits 1958 stillgelegten Haltepunktes Vehlingen war angesichts der geringen Bedeutung der Strecke nicht mehr vorgesehen. Proteste fanden statt, verhallten aber. Und so verkehrten die letzten Züge auf dem Abschnitt Empel-Rees – Isselburg-Anholt im Mai 1962. Mit dem sich anschließenden Abbau der Gleise und dem Rückbau der Brücke über die Issel war der erste Akt besiegelt.

In einem Artikel des Bocholter-Borkener Volksblattes vom 5. Juli 1965 über den Rückbau der Isselbrücke wurde bereits gemutmaßt, daß es sicher nur noch eine Frage der Zeit sei, bis auch die Strecke von Isselburg-Anholt nach Bocholt stillgelegt werde.

Zunächst aber verkehrten weiterhin zwei Zugpaare zwischen Isselburg-Anholt und Bocholt, acht Zugpaare zwischen Bocholt und Münster und weitere Züge auf Teilstrecken.

Im Dezember 1965 wurden Pläne des Verkehrsministeriums bekannt, in der gesamten Bundesrepublik 700 km Nebenbahnen komplett und weitere 550 km zumindest für den Schienenpersonenverkehr stillzulegen. Wie das Bocholter-Borkener Volksblatt am 22. Dezember 1965 schrieb, war von letzter Maßnahme auch die Strecke von Isselburg-Anholt über Bocholt und Borken nach Coesfeld betroffen.

Noch bezieht sich die Anschrift „Letzte Fahrt“ nur auf das Ende des Dampfbetriebes im Personenverkehr 1966.

Bocholt-Borkener Voksblatt/Ludger Hecking

Landrat und Oberkreisdirektor nahmen den Plan „mit Bestürzung“ zur Kenntnis und verwiesen auf die Erforderlichkeit einer guten Verkehrserschließung für das Grenzgebiet. Die Industrie- und Handelskammer sah in der geplanten Maßnahme einen Schlag gegen langgeplante Strukturverbesserungen, die die Eisenbahn als wesentlichen Bestandteil vorsahen. Mit „Krallen und Zähnen“ wollte sich der Verkehrsverein Bocholt und Umgebung für den Schienenweg einsetzen.

In allen Stellungnahmen wird immer wieder auf die Strukturschwäche des Grenzraumes verwiesen. Wegen der einseitigen Ausrichtung auf die Textilindustrie sei die Region in ganz besonderem Maße krisenanfällig und existenzbedroht. Die Ansiedlung neuer Industrien sei nur durch die Verbesserung der verkehrsmäßigen Erschließung möglich. Die Stilllegung der Strecke würde die so dringend notwendi-

30. September 1961: In aller Stille nehmen Lok- und Zugpersonal sowie der Bahnhofsvorsteher von Empel-Rees Abschied vom Personenverkehr auf der Strecke nach Isselburg-Anholt. Die Lok trägt Trauerflor. Slg. Friedrich Stege

ge Strukturverbesserung endgültig verhindern und die unbefriedigenden wirtschaftlichen Verhältnisse noch weiter verschlechtern. Die vom Verkehrsministerium beabsichtigten Maßnahmen stünden, so der Amtsdirektor von Rhede „also ganz eindeutig im krassesten Widerspruch zu allen Bemühungen, das anerkannt förderungsbedürftige Gebiet strukturell zu verbessern". Der von der Bundesbahn vorgesehene Ersatz durch Busse sei keine Lösung, da die B 67 auf dem Abschnitt Bocholt – Borken den zusätzlichen Verkehr nicht mehr aufnehmen könne.

Die Entscheidung zur Stillegung schien aber bereits gefallen zu sein. Auf einer Tagung der Kammerausschüsse der Industrie- und Handelskammer im Januar 1966, an der der Präsident der Bundesbahndirektion Münster nur teilnahm, nachdem Presse und Rundfunk wieder ausgeladen wurden, wurde bekannt, dass für die Strecke Isselburg-Anholt – Coesfeld ein jährlicher Betriebsfehlbedarf von 3,3 Millionen DM bestehe und die Kosten für den Unterhalt

Während auf der Hauptbahn ein Zug nach Emmerich am 30. April 1960 Empel-Rees verlässt, wartet am Inselbahnste noch der Gmp nach Bocholt.

Theo ten H
Slg. Evert Heusinkveld

Bekanntmachung

Vom 25. Mai 1974 an werden auf der Strecke Coesfeld (Westf) - Isselburg-Anholt die Reisezüge durch Bahnbusse ersetzt.

Die Bahnhöfe Velen, Ramsdorf und Isselburg-Anholt sind vom selben Zeitpunkt an nicht mehr besetzt.

Die Bahnbus-Zeitkarten verkauft ab 27. Mai 1974
— in Velen: Schreibwarenhandlung Rosa Bettenhausen
— in Ramsdorf: Schreibwarenhandlung Adolf Rave
— in Isselburg: Tabakfachgeschäft Monika Wolsing

Gleichzeitig wird der Reisegepäck- und Expreßgutverkehr von und nach den Bahnhöfen Gescher, Velen, Ramsdorf, Rhede (Kr Borken) und Isselburg-Anholt aufgehoben. Ausweichbahnhöfe sind
für Gescher der Bahnhof Coesfeld (Westf)
für Velen und Ramsdorf der Bahnhof Borken (Westf)
für Rhede (Kr Borken und Isselburg-Anholt der Bahnhof Bocholt

Güterwagen können auf allen Bahnhöfen der Strecke Coesfeld (Westf) — Isselburg-Anholt weiterhin wie bisher be- und entladen werden. Die Behandlung der Frachtbriefe und die kassenmäßige Abrechnung übernimmt von 1. Juni 1974 an für die nicht mehr besetzten Bahnhöfe
— Velen und Ramsdorf die Güterabfertigung Coesfeld (Westf)
— für Isselburg-Anholt die Güterabfertigung Bocholt

Um Verständnis für diese Maßnahmen wird gebeten.

Generalvertretung Münster (Westf)
der Bundesbahndirektion Münster

…er der Fahrgäste des letzten Zuges von Isselburg-Anholt nach Bocholt war schon als …iner Junge bei der Eröffnung der Strecke dabei gewesen. Gerade einmal drei Generati…en hat die Bahn überdauert. *Bocholt-Borkener Volksblatt/Ludger Hecking*

…en rechts der Aushang der Bundesbahndirektion Münster zur Einstellung.

…ch einmal volle Bahnsteige und volle Züge gab es bei den vom Verein zur Erhaltung …d Förderung des Schienenverkehrs Bocholt organisierten Abschiedsfahrten auf der …ecke Bocholt – Rhedebrügge im Mai 1991. *Heribert Lülf*

der Strecke und den Betrieb lediglich zu 24 % gedeckt seien. Auch weitere Maßnahmen der Rationalisierung und der technischen und fahrplanmäßigen Verbesserung würden das defizitäre Betriebsergebnis nicht mehr verändern können.

Angesichts der vorgelegten Zahlen und Fakten lenkte die Handelskammer ein und resümierte, angesichts des hohen Defizits könne der Bundesbahn eine Fortsetzung des Betriebes nicht zugemutet werden.

Voraussetzung für eine eventuelle Zustimmung zur Stillegung müsse aber sein, „daß die Straßenverhältnisse dem erhöht anfallenden Verkehr gerecht würden".

1966 erschien im Bocholter-Borkener Volksblatt eine als Aprilscherz gedachte Alternative zur Streckenstilllegung: Die Elektrifizierung der Strecke von Bocholt bis Münster. Höhere Geschwindigkeiten, kürzere Fahrzeiten, größerer Komfort und ein Fahrplan mit zweistündlichen Abfahrten würden für die Bevölkerung ein starker Anreiz zur Nutzung des Schienenverkehrs sein.

Ernsthaft wurde dagegen bereits 1966 über die Gründung von Regionalverkehrsgesellschaften und die Beauftragung nichtbundeseigener Eisenbahnen mit der Durchfüh-

Ein Abschied mit Format: Der ehemalige TEE-Triebzug pendelte 1985 zwischen Gescher und Coesfeld. Die Gleise und die Signalanlagen im Bahnhof Gescher sind bereits weitgehend rückgebaut.
Heinz Peirick

rung des Schienenverkehrs nachgedacht. Man versprach sich davon u.a. auch eine Belebung des Güterverkehrs. Lag doch das Güteraufkommen auf dem Abschnitt Bocholt – Coesfeld 1966 lediglich noch bei sieben Wagenladungen und 10 t Stückgut/Tag. Schon in einer Karte zur Streckenbelastung im Güterverkehr aus dem Jahre 1957 wurde die Strecke Empel-Rees – Münster erst gar nicht mehr aufgeführt.

Viele Züge werden „verkraftet“

Ob des massiven Widerstandes in der Region stimmte die Landesregierung von Nordrhein-Westfalen dem Antrag auf Stilllegung nicht zu, zunächst jedenfalls. Die Reaktion der Bundesbahn ließ nicht lange auf sich warten. Zum Fahrplanwechsel am 22. Mai 1966 wurden die meisten Zugpaaren auf der Strecke Bocholt – Coesfeld „verkraftet“, das heißt durch Bahnbusse ersetzt. Auf dem Abschnitt Bocholt – Coesfeld verkehrten nur noch fünf Zugpaare in Tagesrandlagen. Gleichzeitig fuhren 14 Busse je Richtung. Zwischen Isselburg-Anholt und Bocholt verkehrte nur noch ein Zugpaar am frühen Morgen. An Sonn- und Feiertagen herrschte zwischen Isselburg-Anholt und Coesfeld Betriebsruhe. Die von der Bundesbahn angewandte Strategie führte schnell zum Ziel. Fahrgastzählungen hatten auf dem Abschnitt Isselburg-Anholt – Bocholt 1966 immerhin noch 114 Reisende/Tag ermittelt. 1970 waren es noch 88 und bereits drei Jahre später noch ganze drei.

Da die wenigen Züge gerade zu den Zeiten verkehrten, da weder Fahrschüler, Arbeiter oder Angestellte unterwegs waren, verlagerte sich der Verkehr fast komplett auf die Buslinien. Bereits in den ersten Wochen und Monaten des zunächst noch als „Ersatzverkehr“ titulierten Busverkehrs wurde von überfüllten Bussen berichtet. Aus Sicht der Bundesbahn war der zweite Akt sicher gelungen.

Der Bahnhofsvorsteher aus Borken hatte offensichtlich erst aus der Lokalzeitung von der bevorstehenden Einstel-

Keine Sonderfahrt, damals planmäßiger Verkehr: Eine Schienenbusgarnitur im Mai 1962 in den Baumbergen bei Havixbeck.

Ludwig Rotthowe

lung des Personenverkehrs auf der Strecke Isselburg-Anholt – Coesfeld erfahren. Davon jedenfalls berichtete die Borkener Zeitung, die im Dezember 1973 in Erfahrung gebracht hatte, dass das Bundesverkehrsministerium bereits am 26. Oktober 1973 die Genehmigung zur Teilstilllegung per Erlass erteilt hatte. Die betroffenen Kommunen und Kreise und auch die untergeordneten Dienststellen der Bahn waren in die Entscheidung nicht mit einbezogen worden.

Bürgermeister und Stadtdirektoren zeigten sich überrascht und kritisierten die Entscheidung. Insgesamt fiel die Reaktion aber eher verhalten aus. Die Bundesbahn selber hatte durch mangelnden Unterhalt der Strecke, fehlende Investitionen, einen unattraktiven Fahrplan mit langen Fahrzeiten und Konkurrenz durch den eigenen Busbetrieb zum Rückgang der Fahrgastzahlen in den Zügen beigetragen. Allen Beteiligten war offensichtlich klar, dass man die Entscheidung diesmal nicht mehr umkehren konnte. Und so beließ man es bei der Hoffnung auf Erhalt zumindest des Güterverkehrs auf der Strecke und Ausweitung des Linienbusverkehrs und nicht zuletzt auch auf den Bau der B 67n und der A 31.

221 112 mit einem Waschbergezug an der Baustelle der A 31 bei Gescher. Wolf-Dietmar Loos

Mit einem Aushang informierte die Bundesbahndirektion Münster über die bevorstehenden Änderungen. Die „Bekanntmachung" endete mit dem Satz „Um Verständnis für diese Maßnahmen wird gebeten". Am 25. Mai 1974 verkehrte der letzte Personenzug von Isselburg-Anholt und Coesfeld. Der dritte Akt war damit beendet.

Streckenabbauten beginnen

Die Bahnhöfe Isselburg-Anholt, Ramsdorf und Velen blieben sofort unbesetzt, Rhede und Gescher folgten einige Jahre später. Überholgleise, Signalanlagen und Bahnübergangssicherungen wurden zurückgebaut, leer stehende Gebäude abgebrochen. Die Bahnhöfe wurden in Anschlussstellen umgewandelt. Nur noch bei Bedarf erfolgten Übergabefahrten von Bocholt und Coesfeld aus. Die Einstellung des Güterverkehrs und der anschließende Rückbau zogen sich, wie der Bau der Strecke, über einen Zeitraum von fast 10 Jahren hin.

1982 wurde der Abschnitt Rhedebrügge – Borken entwidmet, rückgebaut und in einen Radweg umgewandelt. 1983 wurde an der Strecke von Borken nach Ramsdorf in Höhe Bahn-km 40,06 noch eine Panzerverladeanlage gebaut. Der Rest der Strecke bis Gescher wurde abgebaut.

Am 25. Mai 1991 führte der Verein zur Erhaltung und Förderung des Schienenverkehrs Bocholt Abschiedsfahrten auf der Strecke von Bocholt nach Rhedebrügge durch. Zum 1. Juni 1991 erfolgte dann die dauernde Einstellung des Gesamtverkehrs.

Kurz vor Einstellung des Betriebes erlebte der Abschnitt Gescher – Coesfeld ein noch nie da gewesenes Verkehrsaufkommen. Von März 1984 bis Mai 1985 verkehrten insgesamt 747 Ganzzüge mit Waschbergematerial von den Zechen Westerholt und Schlägel und Eisen in Herten zur Baustelle der A 31 in Gescher. 25670 Waggons transportierten rund 1,5 Millionen Tonnen Material zum Aufschütten des Autobahndammes. Zeitweise verkehrten sieben Züge an einem Tag.

Ein Kreuzungsbauwerk war auch hier nicht mehr vorgesehen. Ein Pilgersonderzug nach Rom (23.-30. März 1985) und Fahrten mit VT 601 aus Anlass eines Bahnhofsfestes in Coesfeld am 11. Mai 1985 zum 150jährigen Eisenbahnjubiläum waren die letzten öffentlichen Fahrten auf der Strecke. Kurz darauf erfolgte der Abbau der noch vorhandenen Gleise.

Die Strecke von Mussum nach Bocholt wurde 1984 von der Stadt Bocholt erworben und zum Industriestammgleis ausgebaut. Nach Aufhebung aller Tarifpunkte und Kündigung fast aller Anschlussverträge im westlichen Münsterland (bis auf den Anschluss zum Brennelementezwischenlager in Ahaus und zur Urananreicherungsanlage in Gronau) durch die DB AG bietet das Stammgleis in Bocholt heute die einzige Möglichkeit, Güter auf der Schiene zu transportieren. Der Verein zur Erhaltung und Förderung des Schienenverkehrs Bocholt engagiert sich seit Jahrzehnten für den Erhalt und die Aktivierung dieses verbliebenen Streckenabschnitts.

In Bocholt stehen aktuell umfangreiche Baumaßnahmen an. Für 2021w ist die Elektrifizierung der Strecke nach Wesel geplant. Dann wird es endlich möglich sein, von Bocholt aus ohne Umsteigen in Wesel bis nach Oberhausen, Duisburg oder Düsseldorf zu fahren. Mit dem Anschluss an das ESTW

Am 13. November 1970 kommt eine ETA-Garnitur aus Münster in Bocholt an. *Evert Heusinkveld*

wird auch das letzte Stellwerk in Bocholt seine Funktion verlieren. Erstmals seit 1878 wird dann kein Eisenbahner mehr in Bocholt Dienst tun.

Mit der Stilllegung des Personenverkehrs von Isselburg-Anholt nach Coesfeld im Mai 1974, dem Ende des Grenzlandexpresses im Mai 1975, der Schließung der Güterabfertigung im Juni 1975 und der Einstellung des Güterverkehrs zwischen Borken und Winterswijk im September 1979 hatte Borken seine Bedeutung als Eisenbahnknoten gänzlich verloren. Nach Stilllegung der WLE-Nordbahn im Jahre 1988 verblieb nur noch die Strecke in Richtung Dorsten.

Das Empfangsgebäudes wurde, nachdem es noch 1989 umfangreich modernisiert worden war, 2014 abgebrochen und die Gleisanlage auf das nur noch unbedingt erforderliche Maß reduziert.

Verblieben sind ein einziges Bahnsteiggleis, zwei Abstellgleise und ganze zwei Weichen. Die Umstellung auf ESTW (Elektronisches Stellwerk, ferngesteuert) ist zum 9. Dezember 2018 erfolgt.

Ach ja, einen Bahnsteig mit Wartehäuschen gibt es auch noch. Versteckt liegt er am Rande eines großen Parkplatzes. Soviel Eisenbahn muss sein. Gerade in einer aufstrebenden Kreisstadt!

Sonderfahrten bzw. besonderen Zügen sind die folgenden beiden Doppelseiten gewidmet. Am 12. Oktober 1996 kam ein Neigetechnik-Triebzug der Baureihe 610 auf die Baumbergebahn, hier unterhalb der Weißenburg bei der Einfahrt in Billerbeck (Bild oben links).
Aus Anlass eines Bahnhofsfestes in Coesfeld am 11. Mai 1985 pendelte die Schienenbusgarnitur der Hammer Eisenbahnfreunde zwischen Coesfeld und Münster.
Frisch hauptuntersucht brachte V 160 002 am 1. Mai 2016 einen Sonderzug über die Baumbergebahn nach Dorsten.

Richard Vespermann (3)

Rechte Seite: Der Weihnachtsmarkt in Billerbeck war am 28. November 2008 das Ziel dieses Sonderzuges aus dem Ruhrgebiet.

Wilhelm Lürick

212 133-3
80
8

41 360 beförderte am 4. Mai 1991 erstmals seit Jahrzehnten wieder einen Dampfzug über die Baumberge, im Bild oben bei der Ausfahrt aus Havixbeck.
In vollen Zügen – links der von 78 468 des Vereins Eisenbahn-Tradition Lengerich geführte – wurde der runde Geburtstag der Baumbergebahn am 1. Mai 2008 gefeiert.

Richard Vespermann (2)

Unter Volldampf und Tender voraus geht es am 28. Jovember 2015 mit 78 468 zum Weihnachtsmarkt nach Billerbeck (rechts).

ı seltener Gast: Eine Dampflok der Baureihe 24 am 1. Mai 2004 zwischen Roxel und Münster.

Gleich drei historische Züge kamen an einem Wochenende im September 2011 im Rahmen einer Plandampfveranstaltung zum Einsatz, hier im Bild unten rechts der Zug des Eisenbahnmuseums ochum-Dahlhausen. Die Fahrgäste und Fotografen waren begeistert!

Richard Vespermann (3)

Vor und hinter den Kulissen sorgten viele Eisenbahner für einen reibungslosen Betrieb: Herbert Pöpping, Willi Böckers, Ludger Schumacher, Heinz Timmer und Karl-Heinz Daldrup (von links oben). *Heribert Lülf (4), Richard Vespermann*

Nicht gern gesehen aber derzeit alternativlos: Der Spritzzug am 15. Mai 1995 bei der Einfahrt in den Bahnhof Havixbeck (oben links). Oben rechts: Lokführer Ludger Tombrink und Rangierer Heinrich Bartels haben eine Übergabe nach Havixbeck gebracht. Unten links ist ein Propangasverteilerzug (Klv 96) am 31. August 1993 im Bahnhof Havixbeck zu sehen. Turnusmäßig alle sechs Wochen wurden die Gasflaschen an den Formsignalen gewechselt. Im Bild daneben führt der Indusimesswagen 728 001 am 31. März 1994 Prüfungen im Bahnhof Havixbeck durch.

Richard Vespermann (3), Heribert Lülf

Die Wende - Erfolgsgeschichte Baumbergebahn

Das hat es nur in Billerbeck gegeben: Protestzug am 18. Januar 1978 für den Erhalt des Bahnhofes und der Strecke.

Slg. Peter Ilisch

Folgende Szene hat sich in den 1960er Jahren im Bahnhof Havixbeck zugetragen: Ein Fahrgast fragt den Beamten am Fahrkartenschalter: „Können Sie mir sagen, wann der letzte Zug nach Münster fährt?“ Darauf der Eisenbahner: „Dat wät`s Du und dat wä ick wull nich mä beläben!“

Die Antwort fiel sicher anders aus, als es der Kunde erwartet hatte. Aber der Eisenbahner sollte letztendlich Recht behalten.

Die Strecke Coesfeld – Münster hatte schon immer einen besonderen Status. Während auf dem Abschnitt Bocholt – Coesfeld seit Sommer 1966 täglich nur noch fünf Zugpaare und nur an Werktagen verkehrten, fuhren auf der Baumbergebahn zehn Zugpaare. Wegen des relativ hohen Fahrgastaufkommens kamen hier vor allem neue Triebwagen der Baureihe VT 24 zum Einsatz. Mit V 100 bespannte Personenzüge fuhren in den nachfragestärksten Zeiten, Akkutriebwagen in Tagesrandlagen. Eine Sonntagsruhe gab es nicht.

Aber auch die Baumbergebahn blieb nicht von Rationalisierungsmaßnahmen verschont. Am Haltepunkt Tilbeck hielt 1970 zum letzten Mal ein Personenzug. Dienststellen gab es nur noch in Coesfeld und in Münster. 1975 wurden in Billerbeck die Express- und Stückgutabfertigung aufgegeben und die hier noch immer stationierte Kleinlokomotive abgezogen. Anschließer und Verlader in Billerbeck und Havixbeck wurden seither von Coesfeld aus bedient. Von Münster aus erreichte die Übergabe Mecklenbeck und Roxel.

Die Einstellung des Schienenpersonenverkehrs auf der Strecke von Isselburg-Anholt nach Coesfeld 1974 sollte nur ein Vorlauf sein. Ein Entwurf des Bundesverkehrsministeriums für ein „betriebswirtschaftlich optimales Netz der Bundesbahn“ vom 23. Januar 1976 sah die Stillegung von 13.255 km Schiene vor. Zudem sollten 2200 Bahnhöfe geschlossen und die Zahl der Beschäftigten von 390.000 auf 260.000 reduziert werden. Im westlichen Münsterland wären davon fast alle Strecken betroffen gewesen und zwar Isselburg-Anholt – Münster, Münster – Gronau, Gronau – Lünen, Gronau – Rheine, Dorsten – Quakenbrück, Dorsten – Schermbeck, Bocholt – Wesel und Borken – Burlo, und zwar jeweils im Gesamtverkehr. Verblieben wäre lediglich die Strecke Dorsten – Borken und die Westfälische Landeseisenbahn von Borken nach Burgsteinfurt mit Abzweig von Stadtlohn nach Vreden.

Als die Pläne 1978 konkret wurden, regte sich zum ersten Mal Widerstand in den gewählten Gremien und in der Bevölkerung. Man war nicht mehr bereit, die Entscheidungen des Verkehrsministeriums in Bonn und der Bundesbahnzentrale in Frankfurt klaglos hinzunehmen.

Die Räte der Städte Billerbeck und Coesfeld und auch des Kreises Coesfeld verabschiedeten Resolutionen für den Erhalt der Strecke. In Billerbeck zog ein langer Demonstrationszug mit über 1000 Teilnehmern medienwirksam mit Plakaten und Bannern von der Innenstadt zum Bahnhof und protestierte gegen die geplante Stillegung. Und die Bemühungen zeigten tatsächlich Erfolg.

Ab Sommerfahrplan 1982 verkehrten auf der Strecke Coesfeld – Münster werktags 13 Zugpaare zwischen 5.30 Uhr und 21 Uhr in einem angenäherten Stundentakt. Die Betriebsruhe von Samstagnachmittag bis Sonntagmittag wurde jedoch beibehalten.

Akku- und Dieseltriebwagen dominierten über viele Jahrzehnte den Personennahverkehr im Münsterland. Am 17. April 1981 herrscht Hochbetrieb im Bahnhof Coesfeld. Wolf-Dietmar Loos

Zeitweilig führte der Personenzug von Münster nach Coesfeld einen Stückgutwagen mit. Am 11. Mai 1987 hat der Zug gerade den Bahnhof Billerbeck verlassen.

Richard Vespermann

Diesmal ein Lok-bespannter Zug: Hp1 für die Einfahrt in den Bahnhof Havixbeck am 29. Februar 1992.
Richard Vespermann

Die Zughalte in Roxel und Mecklenbeck entfielen. Am 1. Juni 1984 wurde auch der Gütertarifpunkt Roxel aufgehoben. Ladegleis und Weichen wurden 1986 rückgebaut.

Nach Einstellung des Schienenpersonenverkehrs auf der Strecke Coesfeld – Rheine im Jahre 1984 verkehrten mehrere Züge bis 1987 von Münster über Coesfeld, Oberhausen und Duisburg bis nach Düsseldorf. Umsteigefreie Verbindungen in das Rheinland hatte es hier bisher noch nie gegeben.

Zum 80. Geburtstag der Strecke organisierten Eisenbahner und Eisenbahnfreunde 1988 ein Streckenjubiläum mit Bahnhofsfest und Fahrzeugschau in Billerbeck und Sonderfahrten zwischen Coesfeld und Münster. Wegen des Dampfverbotes der Bundesbahn kamen Diesellokomotiven der Baureihe 221 zum Einsatz. Tausende Besucher und Fahrgäste demonstrierten nachhaltig das Interesse an ihrer Strecke, die im Rahmen des Jubiläums erstmals als „Baumbergebahn" beworben wurde. Seit 1998 trägt sie diesen Namen auch offiziell.

Neue Chancen: Rahmenvertrag und Bahnreform

Im gleichen Jahr schlossen das Land Nordrhein-Westfalen und die Deutsche Bundesbahn einen Rahmenvertrag, der den Bestand der bis dahin verbliebenen Strecken zunächst bis 1997 garantierte. Die Bahnreform 1994 führte dann endlich zur lang ersehnten Wende im Schienenpersonennahverkehr. Im Zuge der Regionalisierung wurde den Bundesländern zum 1. Januar 1996 die Verantwortung für den Schienenpersonenverkehr übertragen. Die Kreise Borken, Coesfeld, Steinfurt und Warendorf gründeten den Zweckverband Schienenpersonenverkehr Münsterland (ZVM) und beauftragten ihn mit der Planung, Organisation und Ausgestaltung des Nahverkehrs in der Region. Ziel des Verbandes war und ist es, die bestehenden Strecken zu erhalten, das Schienennetz zielgerichtet auszubauen und den Verkehr zu beschleunigen, Bahnhöfe und Haltepunkte zu modernisieren bzw. neu einzurichten und auch stillgelegte bzw. nur noch im Güterverkehr genutzte Strecken zu reaktivieren.

Der ZVM kann nach über 20jähriger Tätigkeit auf eine Erfolgsgeschichte zurückblicken. Alle Leistungen im Nahverkehr wurden neu ausgeschrieben und vergeben. Inzwischen sind auf den Strecken im Münsterland moderne Fahrzeuge unterwegs. Strecken wurden ausgebaut, vorhandene Stationen modernisiert und neue Haltepunkte gebaut. Zwischen Gronau und Enschede wurde sogar der grenzüberschreitende Verkehr wieder aufgenommen. Zum 20jährigen Jubiläum des ZVM im Jahre 2016 blickte man stolz auf eine Ausweitung des Angebotes um 48 % und eine Steigerung der Fahrgastzahlen im Nahverkehr um 126 %, Tendenz weiter steigend.

Am 9. Mai 1987 ist diese noch komplett altrote Akku-Einheit auf dem Weg nach Münster und passiert gerade das Vorsignal von Havixbeck in der Bauerschaft Masbeck. *Richard Vespermann*

In dichtem Nebel erreicht der Vorserientriebwagen – erkennbar an der runderen Kopfform – 624 503 am 23. Februar 1994 den eingeschneiten Bahnhof Havixbeck. Im Bild daneben verlässt eine 624.6-Garnitur, also die Serienausführung, am 9. April 1989 den Bahnhof Billerbeck. Im Bild unten links treffen sich Vorserien- und Serienfahrzeug bei der Zugkreuzung in Havixbeck.

Richard Vespermann (2), Heribert Lülf

Der abendliche Güterzug muss im Mai 1988 in Havixbeck die Kreuzung mit dem aus Münster kommenden Personenzug abwarten (oben links). Um 20 Uhr 30 geht es dann dem Ziel entgegen. Oben rechts: Für die Bahnmeisterei Coesfeld bringt die Köf Schotter auf die Strecke, hier beim Zwischenhalt in Billerbeck. Die Übergabe aus Alstätte nimmt am 28. Januar 1994 den Umweg über die Baumbergebahn (rechts). Ziel des von 365 696 geführten Zuges ist Münster.

Richard Vespermann (2), Heribert Lülf

Auch die Baumbergebahn hat von der Kehrtwende in der Verkehrspolitik eindeutig profitiert. Die Strecke, von DB Netz unterhalten, ist weitgehend saniert. Wegen des schlechten Oberbauzustandes zwischen Coesfeld und Lutum wurde der Verkehr nach Gesamtstillegung der Strecke Coesfeld – Rheine auf diese Trasse verlegt und das ursprüngliche Gleis der Baumbergebahn rückgebaut. Die Schrankenposten 33, 34 und 35 wurden zwischen 2006 und 2011 aufgehoben und durch automatische Schrankenanlagen ersetzt. 2012 konnte die Streckengeschwindigkeit abschnittweise auf 100 km/h erhöht werden. 2012 erfolgte der Anschluss an das elektronische Stellwerk (ESTW) in Coesfeld. Seit 2001 verkehren moderne Talent-Triebwagen von DB Regio AG, Regio NRW.

Der Fahrplan wurde kontinuierlich ausgeweitet. Mit der Einführung des Integralen Taktfahrplanes 1998 verkehrten zwischen Coesfeld und Münster werktags insgesamt 17 Zugpaare, in den Hauptverkehrszeiten erstmals halbstündlich. An den Wochenenden wurde wieder ganztags gefahren.

Aktuell verkehren montags bis freitags 28 Zugpaare zwischen Coesfeld und Münster, 14 davon auch bis zum Zentrum Nord. Von 5 bis 9 Uhr und von 13 bis 19 Uhr verkehren die Züge im Halbstundentakt. Samstags und sonntags wird im Stundentakt gefahren. An den Wochenenden verkehren bis weit nach Mitternacht Züge. Die Fahrtzeit von Coesfeld nach Münster beträgt mit Halt an sechs Zwischenstationen 44 bis 47 Minuten, die Fahrtzeit von Münster Hbf zum Zentrum Nord nochmals vier Minuten. Kreuzungsmöglichkeiten bestehen in Lutum, Billerbeck, Havixbeck und Mecklenbeck.

Fuhren bis in die 1990er Jahre vor allem „Fahrschüler“ (also Schüler auf dem Weg zur bzw. von der Schule) und Menschen ohne Führerschein mit der Bahn, hat sich das Publikum inzwischen völlig gewandelt. Menschen aller Altersgruppen fahren mit der Bahn zur Schule, zum Studium, zur Ausbildung oder zur Arbeit, zum Kino- und Theaterbesuch oder zum Einkaufsbummel in die Stadt. Aktuell nutzen montags bis freitags 4300 Fahrgäste die Verbindung und von Jahr zu Jahr werden es mehr.

Wer nicht mit dem Fahrrad oder dem eigenen PKW zum Bahnhof kommt, nutzt die Busse, die mit dem Fahrplan der Bahn verknüpft sind und so einen problemlosen Wechsel der Verkehrsträger ermöglichen.

Das 100jährige Jubiläum der Baumbergebahn konnte 2008 wieder mit einem großen Bahnhofsfest in Billerbeck und Sonderfahrten, diesmal mit Dampf, gefeiert werden. Bei Drucklegung dieses Buchs fährt die Bahn 111 Jahre. Ihre Zukunft ist gesichert.

Die Baumbergebahn hat sich in den letzten Jahrzehnten komplett gewandelt: Vom Rest zum Stolz der Region. Gerade die Verbundenheit der Bevölkerung mit ihrer Strecke zeichnet diese Bahn in besonderem Maße aus.

Bahnhof Coesfeld

Zum 150jährigen Jubiläum der Eisenbahnen in Deutschland 1985 resümierte der damalige Coesfelder Dienststellenleiter Engelbert Brüning in einem Beitrag für die Coesfelder Allgemeine Zeitung, dass die Eisenbahn in der Fläche häufig kein

Fast genau 100 Jahre lang wurden alle Zugbewegungen in Coesfeld vom Fahrdienstleiterstellwerk aus geregelt (Cmf = Coesfeld Mitte Fahrdienstleiter). Richard Vespermann

ausreichendes Verkehrsaufkommen mehr findet: „Zu wenig Reisende und Güter machen deutlich, dass die Eisenbahn nicht mehr gebraucht wird.“

Der Abwärtstrend in Coesfeld hatte Anfang der 1970er Jahre eingesetzt. Zunächst führte die zunehmende Elektrifizierung der Hauptbahnen dazu, dass die Durchgangsgüterzüge auf der Relation Emden – Ruhrgebiet ab 1972 nicht mehr über Coesfeld sondern über Münster geleitet wurden. Auch in der Fläche ging das Güteraufkommen kontinuierlich zurück. Anfang der 1980er Jahre verteilten noch vier Stückgutunternehmer die Güter. Zwei Kleinlokomotiven stellten Wagenladungen in den angeschlossenen Bahnhöfen zu. Doch durch die Gesamtstillegung der Strecke nach Ramsdorf 1985 und nach Horstmar 1995 entfielen immer mehr Ladestellen.

Der riesige Güterbahnhof in Coesfeld diente schließlich überwiegend nur noch der Abstellung von nicht mehr benötigten Güterwaggons. 1997 wurde die komplette Anlage zurückgebaut. Um das frei gewordene Gelände für die Ansiedlung von Industrie- und Gewerbebetrieben nutzen zu können, wurde das Dortmunder Streckengleis auf das Planum der ehemaligen Strecke von und nach Bocholt verlegt. Von den ursprünglich fast 30 km Gleisen im Bahnhof Coesfeld liegen heute gerade noch 8,4 km, von den über 100 Weichen nur noch 12. Zum 1. Januar 2005 erfolgte schließlich die Aufhebung des Gütertarifpunktes Coesfeld.

Die Stilllegung des Personenverkehrs auf der Strecke nach Isselburg-Anholt 1974 und nach Rheine 1984 hätte der Anfang vom Ende der Eisenbahn in Coesfeld sein können. Mehrfach drohte auch die Stilllegung der verbliebenen Verbindungen nach Gronau, Lünen, Dorsten und Münster.

Verschiedene Maßnahmen und millionenschwere Investitionen führten aber dazu, dass der Bahnhof Coesfeld heute wieder der Knotenpunkt im Westmünsterland ist. 1990 wurde der komplette Linienbusverkehr vom Bahnhofsvor-

Blockkasten und Hebelbank im Stellwerk Cmf (linkes Bild). Seit dem 27. Januar 2012 wird der Zugverkehr auf der Baumbergebahn zentral von den Fahrdienstleitern des elektronischen Stellwerkes (ESTW) in Coesfeld gesteuert. Richard Vespermann (li.), Dominik Weigel

platz auf das Planum des ehemaligen ersten Bahnsteiggleises verlegt. Die Verknüpfung der Verkehrsströme von Bus und Bahn hat sich in der Folgezeit sehr positiv ausgewirkt. Ab 2008 wurde das ESTW stufenweise in Betrieb genommen. Ferngesteuert werden aktuell die Bahnhöfe auf der Strecke Coesfeld – Gronau, Gronau – Altenberge, Coesfeld – Dorsten, Borken – Zweckel und Coesfeld – Havixbeck. Im Januar 2013 konnte schließlich die Sanierung aller Bahnsteige mit Neubau der Überdachungen und Einbau von drei Aufzügen abgeschlossen werden.

Während sich die Gleis- und Bahnsteiganlagen heute modern, barrierefrei und attraktiv präsentieren, verfallen das alte Empfangsgebäude, die Gebäude der Dienstelle und das ehemalige Bahnhofhotel. Seit 1999 sind immer wieder Entwürfe und Projekte zur Umnutzung entwickelt worden, die aber allesamt nicht verwirklicht werden konnten. Ein aktuelles Konzept in Zusammenarbeit von Bahnentwicklungsgesellschaft, Stadt Coesfeld und einigen Inverstoren sieht den kompletten Neubau eines Bahnhofsgebäudes vor.

Haltepunkt Coesfeld Schulzentrum

Schon zu Bundesbahn-Zeiten wurde über die Errichtung eines Haltepunktes am Schulzentrum in Coesfeld östlich der Streckenkreuzung mit der Holtwicker Straße diskutiert. Bis dato fuhren die Fahrschüler aus Havixbeck, Billerbeck und Lutum mit dem Zug zum Bahnhof Coesfeld und von dort aus mit Schulbussen zum Gymnasium Nepomucenum und zur Realschule. Dabei lagen beide Schulen in Sichtweite der Eisenbahnstrecke.

Im Juni 2011 konnte schließlich der neue Haltepunkt mit einem 120 m langen Bahnsteig und 130 Fahrradstellplätzen in Betrieb genommen werden. Ein nahegelegener Parkplatz dient als Park & Ride-Anlage.

Nutzer sind neben den Fahrschülern inzwischen auch die vielen Besucher des „konzert theater coesfeld", der „Bürgerhalle Coesfeld" und des Kinos.

Gleis- und Bahnsteiganlagen präsentieren sich in Coesfeld in modernem Gewand (obe Posten 35 (Bild unten) sicherte einst gleich mehrere Bahnübergänge in der Bauersch Gaupel zwischen Coesfeld und Lutum. Richard Vespermann, Wilhelm Lü

Bahnhof Lutum

Bahnsteig und Wartehäuschen des kleinen Haltepunktes Lutum in der gleichnamigen Bauerschaft strahlen noch immer den Charme der 1960er und 1970er Jahre aus. Die Fahrschüler, die den Haltepunkt überwiegend nutzen, stört das weniger. Das kleine Bahnhofsgebäude wurde von einem Ehepaar aus Coesfeld erworben und vorbildlich denkmalgerecht saniert. Es ist ein wahres Schmuckstück geworden.

Betriebstechnisch handelt es sich bei diesem Haltepunkt eigentlich um einen Bahnhof. Um einen Halbstundentakt auf der Baumbergebahn einführen zu können, erhielt Lutum 2009 wieder ein Kreuzungsgleis sowie Ein- und Ausfahrtsignale. Bei Halbstundentakt kreuzen die Züge in Havixbeck und Lutum, wobei aber jeweils der Verstärkerzug außerhalb des Stundentaktes in Lutum keinen Verkehrshalt hat.

Ein Talent-Triebwagen am 8. November 2009 unterwegs zwischen Billerbeck und Lutum. Richard Vespermann

Bahnhof Billerbeck

Mit der Aufhebung des Tarifpunktes zum 1. Januar 1994 waren auch hier alle Gütergleise überflüssig geworden. Sie sind inzwischen komplett zurückgebaut. An der ehemaligen Ladestraße und auf dem Gelände des Bahnhofsgartens stehen heute 76 PKW-Stellplätze zur Verfügung. Obwohl in Billerbeck planmäßig keine Zugkreuzungen erfolgen, sind das Überholgleis und ein zweiter Bahnsteig verblieben. Der barrierefreie Umbau der Anlage ist für 2019 geplant.

Das Bahnhofsgebäude, der Güterschuppen und der noch erhaltene Kleinlokschuppen konnten nach langjährigen Bemühungen von der Stadt Billerbeck erworben werden. Gemeinsam mit dem Verein „Interkulturelle Begegnungsprojekte“ aus Coesfeld konnte ein neues Nutzungskonzept erstellt werden. Der Verein, der Menschen in besonderen Lebenslagen betreut und in Arbeit bringt, betreibt in den neu gestalteten Räumen einen Kiosk, ein Café und eine Radstation für 168 Fahrräder.

An Werktagen wird ein Mittagstisch angeboten. Seit Juli 2018 können auch Fahrkarten des NRW-Tarifes erworben werden. Es finden Ausstellungen statt, Lesungen, Diskussionsrunden, Kabarettveranstaltungen und sogar Konzerte. Ein mit modernster Technik ausgestatteter Waggon, der an der ehemaligen Ladestraße Aufstellung gefunden hat, kann als Tagungsraum für Gruppen genutzt werden. „billerbeck`Bahnhof“ hat sich seit seiner Eröffnung im Jahre 2004 nicht nur zu einem baulichen Schmuckstück entwickelt, sondern bietet Reisenden und Gästen der Stadt eine hohe Aufenthaltsqualität.

Der Verein IBP, seine MitarbeiterInnen und die Billerbecker sind zu Recht stolz auf ihren Bahnhof, der inzwischen mehrfach ausgezeichnet wurde.

Aufgrund der attraktiven Lage des Bahnhofes in unmittelbarer Nähe zur Stadt, der nach wie vor bestehenden betrieblichen Möglichkeiten und nicht zuletzt auch durch die Unterstützung der Freiwilligen Feuerwehr beim Ergänzen der Wasservorräte der Dampfloks oder der MitarbeiterInnen der IBP beim Aufrüsten der Züge ist Billerbeck auch immer wieder Ziel von Sonderzügen aus ganz Nordrhein-Westfalen.

Modern und funk tional präsentier sich heute „biller-beck`s Bahnhof“. Die Fahrradstatio im ehemaligen G terschuppen wir sehr gut angenom men.

Michael Cords

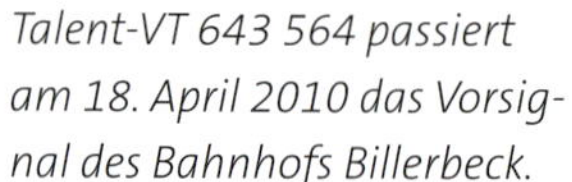

Talent-VT 643 564 passiert am 18. April 2010 das Vorsignal des Bahnhofs Billerbeck.

Richard Vespermann

In wenigen Minuten ist der Bahnhof Havixbeck erreicht. Die Talent-VT sind heute das Standard-Fahrzeug auf der Baumbergebahn.

Richard Vespermann

Große Ereignisse werfen ihre Schatten voraus: Im Rahmen der Vorbereitungen zum Anschluss der Strecke an das ESTW verkehrt ein Messzug über den Baumberg.

In Tilbeck legt der Zug heute keinen Halt mehr ein.

Richard Vespermann (2)

Bahnhof Havixbeck

Die Vereinigten Elektrizitätswerke Westfalen errichteten nach Aufhebung des Tarifpunktes am 27. Mai 1990 an Stelle der beiden Gütergleise eine Umsetzanlage für Großtransformatoren. 1991 erfolgte der erste und bisher auch einzige Transport auf dem jetzt privaten Anschlussgleis.

In Havixbeck steht inzwischen eine große Park & Ride-Anlage mit über 100 PKW-Stellplätzen zur Verfügung. Auf Bahnsteighöhe entstand eine Wendeschleife für Linienbusse, die einen bequemen Wechsel der Verkehrsträger ermöglicht.

2007 erhielt der Bahnhof neue Bahnsteige und sogar eine Überdachung am Hausbahnsteig. Das Bahnhofsgebäude und der Güterschuppen wurden von der Gemeinde erworben. Eine langfristige Nutzungsperspektive steht aber auch hier noch aus.

Am Morgen nach dem Anschluss an das ESTW am 28. Januar 2012 im Bahnhof Havixbeck: Die Formsignale haben ausgedient und liegen zum Abtransport bereit.
Bild rechts: Winterimpressionen – seltene Momente im Münsterland! Richard Vespermann (2)

Haltepunkt Münster-Roxel

Bereits 1990 hatte sich die Stadt Münster für die Reaktivierung des Bahnhofes in Roxel ausgesprochen. 24 Jahre später, am 12. Dezember 2014 konnte dann der neue Haltepunkt östlich des alten Bahnhofes eröffnet werden.

Errichtet wurden ein 120 m langer Bahnsteig, eine Park & Ride-Anlage mit 33 PKW-Stellplätzen und 130 Stellplätze für Fahrräder.

Roxeler können die Innenstadt von Münster jetzt in 11 Minuten erreichen. Fährgäste aus Richtung Coesfeld können hier von der Bahn in Stadtbusse umsteigen und so ohne den Umweg über Münster Hbf z.B. zur Universität oder zum Universitätsklinikum gelangen.

In Sichtweite des alten Bahnhofs entstand in Roxel der neue Haltepunkt (oben). Rechts: Im neuen Bahnhof Mecklenbeck können die Züge der Baumbergebahn erstmals auch kreuzen.

Richard Vespermann (2)

Bahnhof Münster-Mecklenbeck

Kontinuierlich sinkende Fahrgastzahlen hatten die Bundesbahn dazu bewogen, die Verkehrshalte in Mecklenbeck einzustellen, 1982 zunächst an der Coesfelder Strecke, 1991 dann auch an der Wanner Strecke. Die Schließung des kleinen Haltepunktes sollte Kosten reduzieren und zudem den Verkehrsfluss auf der zunehmend an die Kapazitätsgrenze kommenden Rollbahn beschleunigen.

Bereits kurz nach Einstellung der Zughalte in Mecklenbeck wurden Pläne für die Errichtung eines neuen Haltepunktes, diesmal an der Coesfelder Strecke, entwickelt. Ganze 27 Jahre vergingen bis zum ersten Spatenstich!

Nach Bau einer neuen Straßenunterführung entstand wenige hundert Meter östlich des alten Haltepunktes ein neuer Bahnhof mit 120 m langem Mittelbahnsteig. Die Zugkreuzungen der Baumbergebahn werden durch ein neues elektronisches Stellwerk gesichert, das seit dem 29. Oktober 2018 vom ESTW in Dülmen ferngesteuert wird. Die Kosten für die gesamte Baumaßnahme lagen bei 2,5 Millionen Euro!

Am 5. Dezember 2018 konnte die neue Station eröffnet werden. Seit dem 9. Dezember 2018 halten hier alle Züge der Baumbergebahn und jetzt, da in Mecklenbeck wieder Zugkreuzungen möglich sind, auch in Roxel. Die Fahrtzeit für die 7 km von Mecklenbeck bis Münster Hbf beträgt unschlagbare sechs Minuten und sollte doch sehr zum Umstieg auf die Bahn bewegen.

Hauptbahnhof Münster

Der Hauptbahnhof in Münster hat nach wie vor eine zentrale Bedeutung für die gesamte Stadt und das Umland. Aus insgesamt neun Richtungen erreichen die Schienenstränge den Hauptbahnhof.

Der gesamte Bahnhof präsentiert sich inzwischen in neuem Gewand. Von 2010-2012 wurde die komplette Bahnsteiganlage saniert inklusive Einbau neuer Treppenanlagen, Rolltreppen und Aufzüge. Im Dezember 2014 begann der Umbau des Empfangsgebäudes. Stadteinwärts entstand eine neue Glasfassade, die sowohl den Passanten vor dem Bahnhof als auch den Reisenden auf den Bahnsteigen interessante Sichtperspektiven bietet. Die 13 m hohe und 120 m lange Eingangshalle verbindet die beiden Personenunterführungen und bietet viel Raum für das neue Reisezentrum der Bahn, für Ladengeschäfte und Büros. Die offizielle Eröffnung konnte am 24. Juni 2017 gefeiert werden. Das inzwischen fünfte Bahnhofsgebäude in Münster ist ein Schmuckstück geworden, auf das sowohl die Deutsche Bahn AG als auch die Münsteraner stolz sein können.

Am 26. Oktober 2017 macht sich der Triebwagen 643 040 aus Gleis 2 des Hauptbahnhofs Münster auf den Weg nach Coesfeld.

Richard Vespermann

Über 80 Mitarbeiterinnen und Mitarbeiter von DB Regio sorgen in der Werkstatt in Münster im Drei-Schicht-Betrieb für die Einsatzbereitschaft der Fahrzeuge. Zum Gruppenbild versammelten sich die Eisenbahner im Frühjahr 2017 im Instandhaltungswerk.

Richard Vespermann (2)

643 067 wartet in Münster Zentrum Nord auf neue Fahrgäste.

Der örtliche Güterverkehr spielt in Münster keine Rolle mehr.

Dagegen gibt es vor allem für den Personennahverkehr noch weitreichende Pläne. So rückt die seit Jahrzehnten angedachte Reaktivierung der Westfälischen Landeseisenbahn in Richtung Sendenhorst und Neubeckum in greifbare Nähe. Immer wieder im Gespräch ist zudem die Elektrifizierung der Strecke nach Enschede und – erstmals seit Mai 2018 – auch die der Strecke nach Coesfeld.

Bahnhof Münster Zentrum Nord

Am Verwaltungszentrum im Norden von Münster entstand 1995 aus dem früheren Betriebsbahnhof Nevinghoff der Haltepunkt Münster Zentrum Nord. Anfangs nur mit zwei Außenbahnsteigen versehen, verfügt der Haltepunkt seit 2017 über einen Außenbahnsteig und einen Inselbahnsteig. Hier halten die Züge der Strecken Münster – Gronau – Enschede und Münster – Rheine und enden und beginnen die Züge der Baumbergebahn, die seit dem 16. Mai 2002 von montags bis freitags im 60 Minuten-Takt bis zum Zentrum Nord verkehren.

Perspektiven für die Zukunft

Die Baumbergebahn ist für die Zukunft gut aufgestellt. In den letzten Jahren wurden erhebliche Mittel in die Ertüchtigung des Oberbaus, in die Modernisierung bzw. den Neubau von Stationen, in die Anlage von Park & Ride-Plätzen und in die Anschaffung moderner Fahrzeuge investiert.

Genauso wichtig für die Zukunft ist aber auch die hohe Akzeptanz dieses Verkehrsmittels in der Bevölkerung. Seit fast 150 Jahren hat man sich hier für den Bau und den Erhalt der Eisenbahn eingesetzt. Die Verbundenheit der Anlieger mit „ihrer" Baumbergebahn ist sicher außergewöhnlich.

Die große Beteiligung an den Streckenjubiläen in den Jahren 1988 und 2008 hat dies sichtbar zum Ausdruck gebracht. Und nicht zuletzt die kontinuierlich steigende Zahl an Fahrgästen, die täglich die Baumbergebahn nutzen.

Im westlichen Münsterland hat die Eisenbahn diese Bedeutung nicht bzw. nicht mehr. Wer sich noch an den 1974 eingestellten Personenverkehr von Isselburg-Anholt über Bocholt und Borken nach Coesfeld erinnern kann, denkt an Vorkriegstriebwagen, an ausgedünnte Fahrpläne und endlos lange Fahrtzeiten.

Seit Jahrzehnten setzt man hier auf den Bus, der, inzwischen als „Sprinter", die Fläche mit dem Oberzentrum Münster verbindet.

Immer drängender stellt sich aber die Frage, was eine Region attraktiv macht für junge Leute, für Familien, Auszubildende, Studenten und Arbeitnehmer. Immer mehr setzt sich angesichts des Fachkräftemangels und auch des demographischen Wandels die Erkenntnis durch, dass eine moderne Region ein modernes Verkehrsmittel braucht.

Niemand wird das westliche Münsterland zu seinem Lebens- und Arbeitsmittelpunkt wählen, weil es schöne Radwege und ein Linienbusnetz gibt. Gefragt sind vielmehr schnelle, moderne und attraktive Bahnverbindungen. Die Bahn ist die Antwort auf ein verändertes Mobilitätsverhalten in der Gesellschaft.

Das hat man in der Grafschaft Bentheim erkannt, wo der Schienenpersonenverkehr auf der Strecke Bad Bentheim – Neuenhaus nach über 40jähriger Pause 2019 wieder aufgenommen wurde. Auch zwischen Münster und Sendenhorst sowie zwischen Osnabrück und Recke laufen die Planungen für die Reaktivierung auf Hochtouren.

Im Auftrag des Verkehrsministeriums von Nordrhein-Westfallen lässt der Zweckverband Nahverkehr Westfalen-Lippe derzeit eine Machbarkeitsstudie zur Reaktivierung auch der Strecke Bocholt – Coesfeld erstellen. Jetzt ist es auch an den Verantwortlichen vor Ort, die richtigen Weichen zu stellen und die Gunst der Stunde zu nutzen.

Ein modernes Angebot auf historischer Strecke: So geht Nahverkehr heute!

Richard Vespermann

Literaturverzeichnis

Arbeitsgemeinschaft Schienenverkehr Münsterland eV (Hrsg.): BahnRegional, Schriftenreihe über den Schienenverkehr im Münsterland 1983-2001

Arbeitsgemeinschaft Schienenverkehr Münsterland eV (Hrsg.): Eisenbahn im Münsterland, Zwickau 2007

Ralf Banken: Eisenbahn und Industrialisierung in Vreden, in: Beiträge des Heimatvereins Vreden zur Landes- und Volkskunde Nr. 36, Vreden 1990

Jürgen Becks und Martin Wilhelm Roelen (Hrsg.): Eisenbahnen am Niederrhein, Wesel 2005

Ingo Bertsdorf: Geschichte der Eisenbahnen in Borken (Westf) 1880-2013, hrsg. v. Heimatverein Borken, Borken 2013

Friedrich Böhme: Vorarbeiten zum Archiv der Isselburger Hütte, Manuskript

Eckhard Bohn und Hermann Terhalle: Die Geschichte der westfälischen Nordbahn, in: Beiträge des Heimatvereins Vreden zur Landes- und Volkskunde Nr. 28, Borken 1984

Hans Brunzel: Die Borkener Eisenbahnen und der Bahnhof Borken 1880-1992, Borken 1992

Bundesbahndirektion Münster, in: Die Bundesbahn. Organ der Hauptverwaltung der Deutschen Bundesbahn, Heft 11, Juni 1957

Manfred Diekenbrock und Daniel Michalsky: Die Eisenbahn zwischen Ruhrgebiet und Münsterland. Oberhausen - Coesfeld - Rheine. Erfurt 2018

Hildegard Ditt und Peter Schöller: Die Entwicklung des Eisenbahnnetzes in Nordwestdeutschland, in: Westf. Forschungen. Mitteilungen des Provinzial Institutes für Westf. Landes- und Volkskunde, 8. Band, Münster-Köln 1955

Eisenbahn-Interessengemeinschaft Metelen eV (Hrsg): 125 Jahre Strecke Münster - Gronau - Enschede (NL) & Chronik der Eisenbahn-Interessengemeinschaft Metelen eV, Steinfurt 2000

Caroline Fischer: Ein Bahnhof für Billerbeck, in: Geschichtsblätter des Kreises Coesfeld, hrsg. v. Kreisheimatverein Coesfeld eV, Coesfeld 2016

Wolfgang Fiegenbaum und Philipp Luy: Hauptbahnhof Münster (Westf). Ein neuer Bahnhof für die Stadt, Berlin 2017

Ludwig Frohne: Coesfelds Bahnhof wird 75, in: Jahrbuch 1986 Kreis Coesfeld, Coesfeld 1986

Anja Gussek-Revermann und Heinz Kilian: Münster und die Eisenbahn. Von den Anfängen bis zum Wiederaufbau nach dem Zweiten Weltkrieg, in: Kleine Schriften aus dem Stadtarchiv Münster, Band 6, Münster 2003

Jörg Hajt: Gelsenkirchen - Bismarck - Winterswijk (NL), in: Neben- und Schmalspurbahnen in Deutschland einst & jetzt, München 1996

Evert Heusinkveld und Ludger Kenning: AAE - Ahaus Alstätter Eisenbahn, Nordhorn 1993

Evert Heusinkveld: Die Kleinbahnen Rees - Empel und Wesel - Rees - Emmerich, Nordhorn 2013

Josef Högemann: Oberhausen - Rheine, in: Neben- und Schmalspurbahnen in Deutschland einst & jetzt, München 2009

Hans Paul Höpfner: Eisenbahn – Ihre Geschichte am Niederrhein, Köln 1998

P. Dr. Daniel Hörnemann: Coesfeld (Westf) - Eisenbahnknotenpunkt im Westmünsterland, Erfurt 2007

P. Dr. Daniel Hörnemann: Das Bw Coesfeld (Westf), in: Deutsche Bahnbetriebswerke und der Triebfahrzeugpark der deutschen Eisenbahnen von 1920 bis heute, München

Marco Hoffstätte: Angebotskonzept und Trassenentwurf für die Strecke Bocholt - Coesfeld - Münster (Manuskript), Sögel 2011

Wolfgang Klee: Eisenbahnen in Westfalen. Von den Anfängen bis zur Gegenwart, Hövelhof 2013

Wilhelm Kohl: Westfälische Geschichte. Das 19. und das 20. Jahrhundert, Düsseldorf 1984

Kuhne, Lothar: Eisenbahndirektion Münster 1855-1880 u. 1895-1974, in: Deutsche Eisenbahndirektionen, Berlin 2018

Arnold Lassotta u. Paula Lutum-Lenger (Hrsg): Textilarbeit und Textilindustrie. Beiträge zu ihrer Geschichte in Westfalen während der Industriealisierung, in: LWL, Westf. Industriemuseum, Bd. 7, Hagen 1989

Arjan Ligtenbarg: Geschiedenis van de Spoorwegen in Winterswijk & Omstreken, Winterswijk 1989

Arjan Ligtenbarg: Spoorwegen in Winterswijk & omstreken, Winterswijk 2006
Wolf-Dietmar Loos, Josef Högemann und Oliver Strüber: Altrote Zeiten im Münsterland. Westfälische Eisenbahn-Impressionen 1967-1987, Hövelhof 2012
Heribert Lülf: Die Güterladestelle Bombeck oder der Traum vom eigenen Bahnhof, in: Geschichtsblätter des Kreises Coesfeld, hrsg. v. Kreisheimatverein Coesfeld eV, Coesfeld 1989
Heribert Lülf: 100 Jahre Baumbergebahn, in: Geschichtsblätter des Kreises Coesfeld, hrsg. v. Kreisheimatverein Coesfeld, Coesfeld 2008
Heribert Lülf und Clemens Schröder: Heide-Express und Baumbergebahn. Fotos und Berichte zur Eisenbahnstrecke Empel - Bocholt - Borken - Coesfeld - Münster, hrsg. v.d. Arbeitsgemeinschaft Schienenverkehr Münsterland eV, Münster-Roxel 1988
Erhard Mietzner, Winfried Semmelmann und Hermann Josef Stenkamp (Hg): Geschichte der Textilindustrie im Westmünsterland, in: Geschichte im Westmünsterland. Band 4. Vreden/Bredevoort 2013
Heinz Peirick: Die Eisenbahn in Coesfeld. Geschichte des Eisenbahn-Betriebsamtes Coesfeld, Eigenverlag 2017
Wieland Proske und Clemens Schröder: Eisenbahn-Reviere Münsterland/Emsland, Stuttgart 1996
Reichsbahndirektion Münster (Hrsg.): 40 Jahre Eisenbahndirektion Münster (Westf) 1895-1935, Münster (Westf) 1935
Werner Reckert: Die Kleinbahn Isselburg-Gendringen, in: BahnRegional Nr. 24, 4/1988
Werner Reckert: 100 Jahre Eisenbahn in Bocholt, in: Unser Bocholt, Hrsg. v. Verein für Heimatpflege Bocholt eV, Bocholt 1978
Ludwig Rotthowe: Auf Schienen durch Westfalen. Meisterfotos der Eisenbahn von 1952 bis 1985, hrsg. von Jürgen-Ulrich Ebel, Münster 2008
Rolf Swoboda: Eisenbahn Gelsenkirchen - Bismarck - Winterswijk, Nordhorn 1993
Rolf Swoboda: Venloer Bahn Haltern - Wesel - Venlo, Berlin 2010
Verein für Heimatpflege Bocholt eV (Hrsg.): Westfälisches Industriemuseum: Das Textilmuseum in Bocholt, in Unser Bocholt, Bocholt 1989

Gleispläne

Die Pläne auf den Seiten 19, 22, 27, 31, 34, 35, 37, 38, 40, 42, 45, 49, 51, 52, 55 und 56 hat Theo Bruland aus Borken erstmals für die Reihe „BahnRegional“ der Arbeitsgemeinschaft Schienenverkehr Münsterland eV gezeichnet. Herzlichen Dank für die Genehmigung zur Veröffentlichung!

Fotos

Nicht bei allen Aufnahmen konnte die Urheberschaft zweifelsfrei geklärt werden, etwaige fehlerhafte Zuordnungen bitten wir zu entschuldigen. Korrigierende oder ergänzende Hinweise nehmen die Autoren und der Verlag gerne entgegen.

Gute Eisenbahnaufnahmen verlangen Absprachen mit den zuständigen Dienststellen, intensive Vorbereitungen wie das Organisieren einer Leiter und das Finden eines sicheren Standortes, Geduld und immer auch eine Portion Glück. Wie die Aufnahme vom 4. Mai 1991 beweist, hat Fotograf Richard Vespermann alles richtig gemacht!

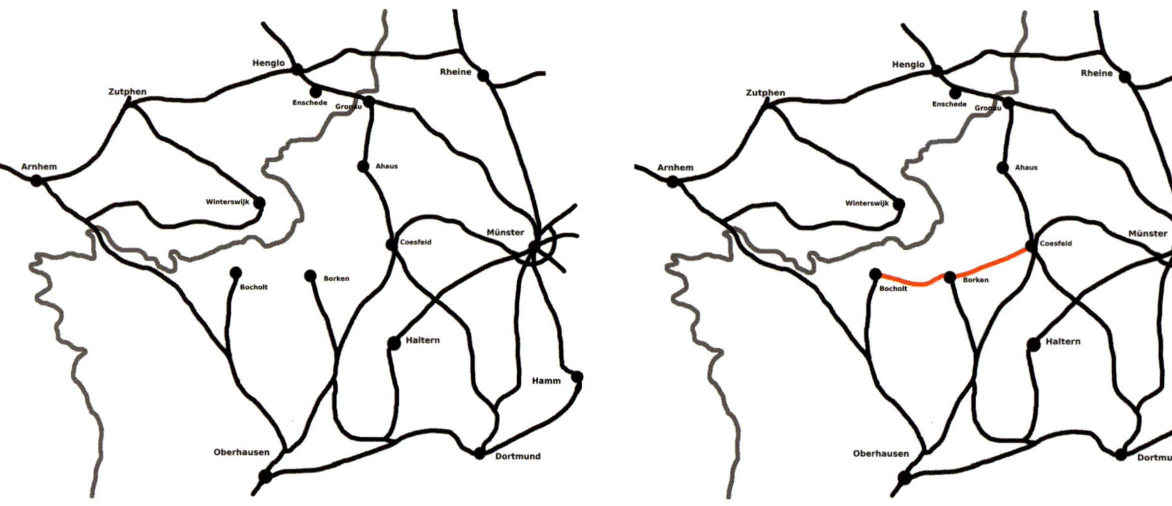

Was heute (2020) ist, und was, wie viele hoffen, noch komme könnte ... Lukas Lülf

Epilog: Kommt da noch was?

Der Titel unseres Buches gewinnt kurz vor Drucklegung noch einmal ungeahnte Aktualität. „Abgeschnitten vom Weltverkehr“ zu sein und zu bleiben, war die große Sorge vieler Regionen am Ende des 19. Jahrhunderts.

Ein dichtes Netz von Nebenbahnen brachte dann schließlich doch noch den meisten kleineren Städten und Gemeinden den langersehnten Bahnanschluss. Nach Stilllegungen und Rückbau weist das Netz heute große Lücken auf. Dass das nicht so bleiben muss, beweisen inzwischen viele Regionen im ganzen Land, wo Eisenbahnstrecken mit großem Erfolg reaktiviert werden.

Ob das auch im Westmünsterland möglich ist, sollte eine Machbarkeitsstudie zur Reaktivierung der Strecke Bocholt - Coesfeld prüfen, die im Auftrag des Zweckverbandes Nahverkehr Westfalen-Lippe erstellt wurde. Die Ergebnisse liegen seit Januar 2020 vor. Prognostiziert werden für die Gesamtstrecke 6800 Fahrgäste pro Werktag. Da die Strecke komplett neu gebaut werden müsste, wurde davon ausgegangen, dass alle Kreuzungen mit dem Straßenverkehr niveaufrei, also als Über- oder Unterführungen zu bauen sind. Damit ergaben sich Investitionskosten von ca. 440 Millionen Euro. Ein von der Politik geforderter positiver Nutzen-Kosten-Faktor konnte mit diesem Ergebnis nicht erreicht werden.

Die Veröffentlichung der Studie hat in der gesamten Region zu vielfältigen Reaktionen und Aktionen geführt. Während die Befürworter eines Radschnellweges auf der alten Trasse schon Morgenluft wittern, wird von verschiedenster Seite gefordert, sich endlich auch vor Ort aktiv für die Reaktivierung der Eisenbahnstrecke einzusetzen und alle Möglichkeiten auszuloten. Der Zweckverband selber hat inzwischen angekündigt, weitere Untersuchungen durchzuführen.

Die kommenden Jahre werden erweisen, ob der Titel „Abgeschnitten vom Weltverkehr“ eine aktuelle Zustandsbeschreibung für eine ganze Region oder doch nur eine Reminiszenz an die Vergangenheit ist.

Die Kleinbahn Empel – Rees

Weil sich der Zustand der eigenen Tw 1 und 2 arg verschlechtert hatte, half der Monheimer Tw 1 im Jahr 1960 auf der Rees-Empeler Kleinbahn aus. Hier steht er im September 1960 vor dem Empeler Bahnhofsgebäude (großes Foto). Auf der Baumbergebahn bis Bocholt verkehrte damals nur frühmorgens noch ein Zugpaar, im weiteren Tagesverlauf mussten die Fahrgäste mit Bahnbussen der Linie 2224/18 Empel – Bocholt – Coesfeld – Münster vorliebnehmen.
Am Güterschuppen steht am selben Tag im September 1960 die Lok 16 mit dem Stückgutwagen.

Reinhard Todt/Bildarchiv der Eisenbahnstiftung (2)

Vom 28. Februar 1915 bis zum 31. Dezember 1966 verband eine rund 5,5 km lange und elektrifizierte normalspurige Kleinbahn die Stadt Rees mit dem Bahnhof Empel-Rees, also dem westlichen Ausgangspunkt der Nebenbahn nach Münster. Sie war die Nachfolgerin der 1897 erbauten meterspurigen Reeser Anschlussbahn, die ebenfalls zwischen Stadt Rees und Bahnhof Empel verkehrte, allerdings fast vollständig im Straßenpflaster verlegt war und keinen eigenen Bahnkörper hatte. Anlass zu deren Umbau und Erweiterung war nicht zuletzt die in Planung befindliche Kleinbahn Wesel – Rees – Emmerich, der die Stadt Rees dann auch die Betriebsführung der Kleinbahn Empel – Rees übertrug. Beide Bahnen nutzten rund 320 m Strecke gemeinsam.

Die Bahn wurde im Zweiten Weltkrieg schwer beschädigt, erst Ende 1950 konnte wieder von Dampf- auf E-Betrieb umgestellt werden. 1964 beschloss der Kreistag in Wesel (der Kreis Rees, dessen Verwaltungssitz[1] Wesel war, hatte die Betriebsführung inne), die Bahn aufgrund der sich zunehmend verschlechternden Auslastung einzustellen. Dies geschah dann zum 31. Dezember 1966, im Jahr darauf wurde die Strecke abgebaut.

---

[1] Einen Kreis Wesel selbst gibt es erst seit 1975; bei der Auflösung des Kreises Rees kamen Emmerich und Rees zum Kreis Kleve, Isselburg kam zum Kreis Borken.

Auch das wird Sie interessieren ...

Helmut Bittner: Bundesbahn-Fotoalbum, Band 2: 1968–1970
192 Seiten im Format 24 x 22 cm, fester Einband, ca. 200 Abbildungen, ISBN 978-3-946594-15-4; **29,80 Euro**

Wolf-Dietmar Loos: Altrote Zeiten im Münsterland
Westfälische Eisenbahn-Impressionen 1967 – 1987. 132 Seiten im Format 24 x 22 cm, ca. 130 Farb-Abb., fester Einband, ISBN 978-3-937189-68-0; **14,80 Euro** (unverb. Preisempf.)

Wolfgang Klee: Eisenbahnen in Westfalen
Von den Anfängen bis zur Gegenwart. 168 Seiten im Format 24 x 22 cm mit ca. 150 Abbildungen (davon ca. 50 in Farbe), tabellarische Übersichten über Streckeneröffnungen etc.; fester Einband, ISBN 978-3-937189-72-7; **29,80 Euro**

Rolf Swoboda: Die Eisenbahn in Dortmund
272 Seiten im Format A4 hoch, fester Einband, ca. 450 Abbildungen, ISBN 978-3-946594-08-6; **45 Euro**

Schlieper/Freriks: Die Nordbrabant-Deutsche Eisenbahn – Boxteler Bahn
288 Seiten im Format A4 hoch, ca. 250 Abbildungen, fester Einband, ISBN 978-3-937189-79-6; **16,80 Euro** (unverb. Preisempf.)

Benno Wiesmüller: Die „Rollbahn“ und ihre Stationen, Band 1: Bremen – Hamburg
160 Seiten, DIN A4 hoch, fester Einband, ca. 300 Abbildungen, z.T. in Farbe. ISBN 978-3-937189-61-1; **29,80 Euro**

Andreas Halwer/VhAG BOGESTRA e.V. (Hg.): Zeitreise durchs BOGESTRA-Land
Band 2: Die Geschichte der Linie 302 (Bochum – Gelsenkirchen). 132 Seiten im Format 24 x 22 cm, fester Einband, ISBN 978-3-946594-12-3; **26,80 Euro**

Bernd Ellerbock: Der Dortmund-Ems-Kanal – 265 Kilometer Wasserstraße von A bis Z
Format 24 x 22 cm, 268 Seiten mit ca. 500 Abbildungen, fester Einband. ISBN 978-3-946594-11-6; **19,80 Euro** (unverb. Preisempf.)

Jochims/Oboth: Kleine Geschichte des Steinkohlenbergbaus im Ruhrgebiet
132 Seiten im Format 24 x 22 cm, fester Einband, ca. 150 Abbildungen, ISBN 978-3-937189-93-2; **24,80 Euro**

DGEG Medien GmbH · Nordstraße 32 · 33161 Hövelhof
Tel. 0 52 57 – 9 35 29 10 · Fax 0 52 57 – 9 36 98 79 · medien@dgeg.de · www.dgeg.de